AF221111

Markus Anton

Die Toten Die Alten

Die Siechen

Die Lebenden

und

Disappear You

Für Max und Luise

Bibliografische Information der Deutschen

Nationalbibliothek: Die Deutsche Nationalbibliothek

verzeichnet diese Publikation in der deutschen

Nationalbibliografie; detaillierte bibliografische

Daten sind im Internet über

http://dnb.de abrufbar.


© 2021 Anton, Markus

Herstellung und Verlag:

BoD - Books on Demand, Norderstedt

ISBN: 9783755739104

ich höre anderen beim leben zu sehne

mich nach ner umarmung noch einmal

sieben tropfen fühltest du dich auch so in

deinen letzten tagen in paris morrison

morrison antwortet nicht versucht gut zu

singen ich singe mit dann panik die

letzten sieben tropfen die letzten

mitternacht die letzten sieben tropfen

morrison hört auf zu singen begleitet

mich in ne bar besaufen bis zum

morgengrauen dann schlafen ein

mädchen rempelt mich an ich schlage ihr

ins gesicht ihr begleiter schlägt mir ins

gesicht ich falle krieche nach hause

unter mein bett stelle mir vor wie es sich

anfühlt auf meinem bett zu liegen

manzarek is gestorben an krebs gleich

hier um die ecke warum kommt ihr alle
hierher zum sterben morrison antwortet
nicht in amerika werden legenden
geboren hier dürfen sie verrecken
morrison antwortet nicht mein rechter
arm zittert ich tape ihn an meinen körper
sehe zu wie vic morrow enthauptet wird
wieder und wieder in farbe stopmotion
oder ein speedwayfahrer aus tschechien
der mit vollgas unter ne betontreppe rast
in schwarzweiß ich filme mich selbst
posiere so oder so musst du aussehen
wenn du draufgehst in stopmotion
straßenlaternen funktionieren nicht mehr
der mond funktioniert nicht mehr die
sterne funktionieren nicht mehr ich
krieche zum arzt eine kerze in meiner

linken hand die kerze funktioniert nicht

mehr guten morgen ich funktioniere nicht

mehr mein deutscher arzt hat mitleid

mein deutscher arzt hat immer mitleid er

glaubt ich bin jude habs nie verneint die

sonne wird heute nicht aufgehen was

dann was dann morrison antwortet nicht

und wenn der mond wieder funktioniert

und wenn die sterne wieder

funktionieren was dann was dann

absperren drei schritte rückwärts etwaige

vergangenheiten erfühlen die

zwischentür zertrümmern mit ner linken

geraden mit ner rechten geraden dann

fallen auf böden auf scherben was hast

du getan sprich doch und der weg zum

fenster nur neunzehn blutergüsse

entfernt folgen muss ich folgen und ich
onaniere auf die spärlichen reste meiner
zukunft egoistisch genug anzunehmen
du hast es meinetwegen getan auch ich
bin mensch genug für immer zu gehen
und das diktat meiner erziehung lässt
mich schweigen dieses unbehagliche
schweigen das menschen ausschließt in
alle verfickte ewigkeit ich werde nie
wieder deine weiche warme haut
berühren werde nie wieder deinen atem
in meinem nacken spüren was habe ich
getan und wieder eine generation zieht
an mir vorbei jünger schöner besser als
ich es je zu träumen wagte und die
narben an meinen oberarmen und die
narben auf meiner brust und die narben

auf meinem bauch und die narben an

meinen oberschenkeln kaum noch

sichtbar dann traum oder albtraum eine

armee neugeborener faltet die hände

flüstert es gibt keine stelle an meinem

körper die noch nicht missbraucht wurde

und auf der tonspur worte von menschen

ohne identität oder die gealternden

hände meines alter egos umfassen eure

fußknöchel ziehen euch in die tiefe

damit ihr freier atmen könnt und ich

durchforste die noch brauchbaren reste

meines zermarterten gehirns und doch

nichts oder du die feinen linien deines

zum verfall verdammten gesichts und

belanglosigkeiten die jeden winkel

meines kärkers mit feinem staub

bedecken ich verbringe den rest meiner
gescheiterten existenz damit mich an
diesen moment zu erinnern nutze alle
vorzüge des begrenzten zustands
ewigkeit zu meinen gunsten und mein
herzschlag setzte aus schenkte mir die
möglichkeit alternativer
betrachtungsweisen einer welt die nicht
länger existierte und ich erwachte nichts
keine erinnerung und ein paar jahre
später nichts keine erinnerung und ich
gehe eine straße entlang und ich friere
nicht rede nicht und der noch aktive teil
meines gehirns signalisiert dem rest
meines unterernährten körpers denk
nach kurzes seil tiefer fall dann
tatsächlich nur dein zimmer hell

erleuchtet möglicherweise hast du

vergessen das licht auszuschalten

bestimmt bist du feiern nimmst dann

irgendetwas zu ficken mit nach hause

und ich handle wie du bewege mich

lautlos durch clubs suche etwas zu ficken

finde etwas zu ficken ficke etwas dann

mein herzschlag setzt aus schenkt mir die

möglichkeit alternativer

betrachtungsweisen einer welt die nicht

länger existiert die hände ausgestreckt

als würde ich es tatsächlich wagen zu

tasten oder erwarten irgendjemand oder

irgendetwas eile mir zu hilfe ich hatte es

dir versprochen habe dich gewarnt i still

blind sieh das blut an meinem körper es

gehört mir nicht erhöre den schrillen

klang meiner gedanken oder letzte

versatzstücke einer zur fehlgeburt

verkommenen emotion und ich gebe mir

verdammt viel mühe aufzustehen den tag

anzuerkennen zu schreiten unter der last

erhabener gesten zu agieren wie die

initiatoren popkultureller phänomene es

mir minutiös in meinen wertlosen

menschenkörper schneiden auf dass ich

zermalmt werde unter der last

unprätentiöser gefälligkeiten auch

nachfolgende generationen vögelten

aufeinander ein und die alten versuchten

zu onanieren ich drohte mich zu

verlieren in den weiten jener dunkelheit

die mir oft wärme und geborgenheit

spendete dann auflicht ich gab der

kleinen meine nummer spürte ihre blicke

ihr blut roch nach morgenurin und

kaltem schweiß kannste gerne machen

aber ich hab nen freund und ich sah sie

nie wieder vermisste sie ne woche lang

jemand sagt die besten träume die ich je

hatte sind die in denen ich starb erhebt

die stimme bei besten und es fällt mir

schwer meinen geschwächten körper zu

erheben ihn durch gasträume zu

balancieren und all die sterbenden und

all die stimmen die stets betonen sie

würden es gut mit mir meinen eure

tränen werden vertrocknet sein ehe sie

von euren ratlosen gesichtern abtropfen

und es ist so richtig dass ihr niemanden

nötig habt und es ist gut dass ihr mich

nicht braucht und es ist so wichtig dass
ihr euch selbst am nächsten seid und ich
kann sie immer noch riechen kann sie
immer noch riechen das bist du mit all
deinen bemühungen begehrenswert zu
sein und solltest du mich suchen eines
nachts wirst du mich finden in
hoffnungslos überbevölkerten
gasträumen der typ da hinten in der ecke
der einzige der nicht fröhlich wirkt und
ich halte die hände vor meine brust
reflexartig wahrscheinlich obwohl ich
davon überzeugt bin dass sie keinerlei
schutzfunktion bieten dann die
unausweichliche erkenntnis dein körper
will leben und ich kann sie hören wie sie
sagen dein körper will leben oder du

musst dir selber gut tun dann der

vorwurfsvolle blick

erziehungsberechtigter oder die kalten

finger eines arztes an meinem

handrücken dann die unausweichliche

erschütterung des aufpralls letzte

gefälligkeiten aus johnny cashs

lebenswerk dann muskelkrämpfe oder

die unausweichliche intelligenz des

todes dann ernstgemeinte versuche auf

mich aufmerksam zu machen und mein

gesicht prügelt vertiefungen in den

parkettboden fragen sie mich was ist

denn passiert sage ich wieder herzinfarkt

oder besser hirninfarkt diesmal und sie

spielen das glaub ich dir spielen schlecht

und ich bereue weil sie mich dazu

drängen zu bereuen und ich bereue
nicht weil sie mich dazu drängen nicht
zu bereuen und ich lebe weil sie mich
dazu drängen zu sterben und ich sterbe
weil sie mich dazu drängen zu leben
dann schuld und ich fühle mich schuldig
weil sie mich dazu drängen mich
schuldig zu fühlen welcome to a world of
possibilities wolltest der typ sein der auf
nem verfickten heiligenbild den büßer
gibt nur zu tust gut daran mir deine
abneigung gegen die gebärmutter zu
prügeln und es ist nur natürlich dass ich
dich berühre als würde ich dich kennen
als wärst du mir vertraut bevor wir fickten
sahen wir einander tagelang nicht in die
augen und war es geschehen sprachen

wir kein wort glücklich waren wir nur
dann erzählten wir freunden oder
bekannten wie glücklich wir miteinander
seien dann sie zeigte auf ihr herz sagte
das da stirbt tanzten wir rücken an
rücken in den morgen in den abend oder
referierte ich über wolkenformen und die
färbung des horizonts sagte sie du
referierst jetzt aber nicht über
wolkenformen und die färbung des
horizonts oder auch wir strebten nach
dingen von denen wir wussten sie
würden uns niemals gehören drohten
einander mit ewiger liebe und es stand
geschrieben jedes herz ist eine
konterrevolutionäre zelle sie erzählte
mir manchmal wie sie mir nachstellte

weinte sah sie mich sitzen in cafes

spätabends sagte tu was immer du willst

wirst genauso enden wie dein vater

sagte du hast kein recht wütend oder

enttäuscht zu sein wenn du mich in den

armen eines anderen liegen siehst und

wir fickten dann lege ich meine stirn ans

ende der straße höre ich dich singen voll

wehmut und der schmerz von dem ganze

welten zehren erwacht zu neuem leben

und voll anmut bewegst du dich in meine

nähe um zu wahren die distanz die mich

niederstreckt besinne dich auf

wesentliches fordere ein dein recht auf

ewiglichen schlaf auf dass du zu mir eilst

dich hingibst meiner umarmung ergeht es

mir doch wie jedem anderen der nicht

dazu in der lage ist dich anzuerkennen
sich deiner anzunehmen wie tief bin ich
gefallen muss atmen um zu sprechen
denken um zu fühlen und gewiss du
kommst zurück kommst immer wieder
zurück bist wie die sonne kehrst mir
ständig den rücken zu ich warte immer
noch auf antwort wo bist du oder in
welcher phase deines lebens hast du
verlernt mir zu vertrauen deine augen
sind gerötet bin müde nichts weiter deine
schuhe sind schmutzig deine hose ist
zerrissen hast es wirklich zu was
gebracht schämst du dich für mich bist du
stolz weil ich so jung bin bist du stolz
weil ich so alt bin sag etwas erwachsenes
bin müde nichts weiter ich zähle die

hautfalten meiner handinnenflächen

rechte hand einhundertsechsundvierzig

linke hand einhundertsechsundvierzig

komma fünf komma fünf is ne narbe von

nem messer das zählt nicht außerdem

einhundertsechsundvierzig is viel zu

wenig ich sag ja irgendwas stimmt nicht

mit dir sag ja du bist weird sechs multiple

orgasmen in drei stunden und das schon

am morgen erzähl mir ne geschichte aus

deinem leben was ohne drogen was

ohne alkohol als kind war ich oft

schlittschuhlaufen auf nem zugefrorenen

see ganz in der nähe meines

elternhauses vater hatte immer ne

thermoskanne mit heißem apfelsaft dabei

als ich älter wurde erzählte mir mutter

dass der apfelsaft mit wodka und
barbituraten versetzt war papa hatte
starke schmerzen is ja schon wieder ne
geschichte mit alkohol so fucking what
mein herz bricht langsam entzwei weißt
du so wirst du mich ansehen wenn
schluss ist ich hoffe es schneit dann
meine tränen werden einfrieren und
hässliche narben in deinem gesicht
hinterlassen ich warte immer noch auf
antwort hab vertrauen angewidert ziehe
ich mich zurück überwache die sterne
am ende der straße oder te deum als
dauerschleife überdauert die
angeborene vergänglichkeit meiner
existenz ich weitervererbe eine
massenproduktion an untaten schenke

mir ein kleines stück nur deiner
zuneigung oder wertschätze den
gedanken es könnte zu wenig sein du
der du deinen dämonen treu bleibst und
ich falte meine hände bis die knöchel
meiner finger brechen umarme dich
ganz fest überlebe lächle unsere idee
von liebe steht in krassem widerspruch
zu unseren blicken und die dämmerung
überschattet sterbende planeten
verrichtet ihr tagwerk und ich träume
nicht mehr für eine weile schände mich
ein bisschen mehr befehle diktiere tu es
mir gleich bemitleide dich selbst lange
genug auf dass die mägen
verhungernder auch zukünftig mit
fäkalien befüllt werden ich spüre dich

spüre dich immer noch spürte dich immer
schon nur ein paar schritte hinter mir
überwachend emotionslos ich werde dir
nie entkommen so sehr ich es auch
versuche und da ich der meinung war es
gäbe keinen grund zu atmen atmete ich
nicht mehr errechnete die zeitspanne
meiner geistigen abwesenheit in
lichtjahren starrte in offene särge auf
weiße leinwände fand mich wieder in
ner seitenstraße nördlich der stadt und
mein flehen überdauert die zeitlich
begrenzte existenz eines von geistig
verwirrten initiierten universums oder da
ich der meinung war es gäbe keinen
grund zu existieren existierte ich nicht
mehr und eine armada von wutträumen

schneidet menschenschicksale in die
kanten meiner angstträume anmerkung
das licht wenn ja welches sie waren mit
dem asphalt verschmolzen reichten sich
die hand geboren in rodez weiter rue
oberkampf i wont walk the stairs with you
tonight warum nicht existieren eines
sommermonats richey edwards schenkt
mir blut reinigt säubert seht zu dass die
gurte eng anliegen sollten wir einander
umarmen eines tages oder nichts ist
ohrenbetäubender als die weh und
klagelaute schlafender wir im vakuum
zwanghaft unterdrückter emotionen
finden frieden oder was davon übrig
bleibt fühlen einander verabscheuen ich
sehe keinen sinn mehr darin meine

gedanken deinetwegen klein zu halten
zerbreche so wie ich es dir einst
prophezeite zerbreche an deiner
lebenslust sie wird mich auch weiterhin
zugrunde richten mir menschen
nahebringen die dir sehr ähnlich sind mit
dem einsetzenden regen werden die
schmerzen nachlassen und ich werde
mich selbst zwingen ruhig zu liegen still
zu sitzen über abhandlungen zu
sprechen auch wenn ich untrennbar
miteinander verknüpfte sequenzen
meine oder die kraft die mir fehlt um
klare gedanken fassen zu können fesselt
mich an die qual längst vergangener
begebenheiten ich schweige
verheimliche doch nichts und dein atem

der kalte der meine haut bleicht die

einzige konstante oder alles was uns

verbindet ist nur trennungsschmerz nichts

weiter ich werde der leere in meinem

leben genügend raum geben auf dass sie

sich entfalten möge mir schuldgefühle

einzureden werde mich weiterhin

schänden nichts daraus lernen wozu

auch man drängt mich dazu jegliche

erfahrung positiv zu nutzen bettet mich

auf zinkblech wie sonst sollte ich dem

diktat drohender tage entfliehen es

macht mich nicht krank der zu sein der

ich bin es macht mich krank nicht

derjenige zu sein von dem du dachtest er

könne dir dabei helfen dich

zurechtzufinden in einer gesellschaft die

keinerlei notiz von uns nimmt die
nachwehen meiner albträume berichten
von der notwendigkeit guter dinge sieh
die wunden an meinem körper ich bin
handwerker sie nennen mich psychotisch
und die mauern die mich vor der
gesellschaft schützen sollen existieren
nicht mehr nur ein unachtsamer
augenblick und ich stehe hinter dir lege
dir behutsam gedanken in den mund bin
herr über leben und tod endlich mein
zustand bessert sich so steht es
geschrieben und ich benutze wörter wie
schön rein unschuldig weiß nicht um die
bedeutung dieser worte vielleicht bin ich
nicht der einzige und sie sagen des todes
silhouette ist wie eine lichtreflektion am

ende eines harten winters die dich
blendet oder der gedanke an eine
vergangenheit möglicherweise nicht
meine eigene rammt mir den lauf einer
abgesägten schrotflinte in den rachen
und der gedanke an eine mögliche
zukunft betätigt den abzug ich bin
verschissen dankbar dazu verdammt zu
sein eure jugend betrachten zu dürfen
während ich ruhig gestellt werde
zusehen muss wie der rest klägliche rest
meiner existenz zu einem häufchen
asche verarbeitet wird oder c c zum
beispiel sie wollte sich mit hiv infizieren
um an die richtig guten drogen zu
gelangen vögelte scheißviel und die
ärzte diagnostizierten brustkrebs oder

ihre letzten von erstklassigem morphium
durchtränkten tage seien die schönsten
in ihrem leben so sagte sie z hatte
weniger glück die eltern der kleinen
erstatteten anzeige und die kleine
weinte als sie ihn abführten schrieb ihm
liebesbriefe und so als er entlassen
wurde wartete niemand auf ihn er starb
alleine das heißt nicht ganz alleine die
briefe der kleinen waren im innenfutter
seiner lieblingsjacke eingenäht p hatte
nur einen wunsch auf seiner eigenen
beerdigung zu singen irgendwas von
den manics und er verschwand sein
schuh wurde irgendwo angespült nach
zwanzig jahren ließen ihn seine eltern
offiziell für tot erklären und bei seiner

beerdigung sang er a design for life er

hatte sich kaum verändert dennoch

erkannte ihn niemand auch seine eltern

nicht sie wagten es ohnehin niemals das

unaussprechliche auch nur phasenweise

anzudenken und er winkte mir zu

entfernte sich und ich finde gefallen

daran den regen zu betrachten gehe

spazieren sonntags montags dienstags

und alle sterben außer mir oder k

vielleicht scherte sich nen dreck darum

dass sie hiv positiv war ging jeden tag

feiern und aus der haut die ihren

drahtigen körper umspannte hätte sich

ein gerber eine schöne lederhose

fertigen können sie verliebte sich in

einen teenager und der teenager starb

an ner erkältung sagte das war es wert
und der regen wird irgendwann
nachlassen und ich werde mich einsam
fühlen oder verloren meinetwegen
werde nicht müde mir selbst einzureden
ich hätte keine andere wahl oder ich
andachte beruhigende worte ich geh
weg für immer glaub mir ich machs und
einen dreck interessiere ich mich dann
für dich sie lachte nie weinte nicht lag
meist neben mir atmete kaum dann
weiter vielleicht sehen wir uns
irgendwann du mit jemandem den du
glaubst zu lieben ich allein mehr
zuneigung vermag uns niemand zu
gewähren und wagte ich es einspruch zu
erheben wurde ich mit stillschweigen

bestraft sie hätte einen dreck dafür getan

jemanden zu finden der emotional in der

lage gewesen wäre ihr jeglichen wunsch

von den lippen abzulesen und der

abgestandene geschmack unserer küsse

am morgen gab mir eine ungefähre

vorstellung davon wie es sich anfühlen

musste stundenlang mit herausgerissener

zunge über die vorzüge einer

gemeinsamen zukunft zu referieren

einmal im monat ließ sie sich die haare

färben flanierte dann durch

menschenleere häuserschluchten starrte

auf marode fassaden vom einsturz

bedrohter gebäude und spreche ich von

tagwerken die noch erledigt werden

müssen halte ich ein und das sanftmütige

licht fliehender spätsommernachmittage
lässt sich dazu inspirieren traurige
schatten an die häuserfassaden
blutleerer städte zu projizieren dann ich
fordere absolution klammere mich an
blutverschmierte gebetbücher die da
liegen zahlreich auf zersplittertem
asphalt spreche lautstark zu mir selbst
spreche vom lauf der dinge kann bei all
dem blut nichts sehen und keiner weiß
und keiner wusste oder ich tanze stumm
auf den gräbern meiner ahnen in die
nacht die dunkle spreche versöhnlich nur
vom grellen licht des tages spreche doch
vom tode nur dem endlichen ich bin die
die sich vor elendem schmerz
krümmende wahrheit der

unumgänglichen erkenntnis alle sind
ersetzbar propagiere die stoische miene
jahrhunderte alter bäume nichts wird von
mir bleiben streut hoffnung in die
offenen wunden meines zermarterten
gehirns auf dass sich mir das
offensichtliche erschließt bettet
feuerstürme in die seidenwände eines
tages traums der doch nie enden wird
erstrebt exzess prügelt vorgefertigte
meinungen in die visagen derer die euch
lieb sind totschweigt das stetig
anschwellende summen von gut und böse
mehr noch brennt mir eure initialen in
den körper ich bin der typ den man sich
aussucht weil man vermutet dass nichts
besseres mehr um die ecke kommt bin

kaum mehr kompatibel dennoch verfickt
dankbar warum auch immer konsumiere
zwanzig jahre oder nen verfickten
wimpernschlag und sie spielen polly im
kinderprogramm sorry cobain wirst
niemals hören wie gut deine kleine
singen kann und sollte ich das glück
haben mich selbst zu tode fixen zu
dürfen werden ihre worte mich in den
schlaf wiegen soothin on a fucking sunny
afternoon es begab sich im jahre
soundso da hatte ich ne erektion erhing
mich mit nem ausgewaschenen
flannellhemd und füße und arme wollten
am leben bleiben ruderten gen westen
und das hemd zerriss in zwei teile dann
ich onanierte mehr aus verlegenheit

womöglich ejakulierte trotzdem ein
grund mehr mich für immer von euch
abzuwenden verteidigt euch beweist
dass ich existiere so weit habe ich es
gebracht seht mich sitzen weit hinten
dort wo das licht die schönsten schatten
formt hört mich sprechen besser noch
seht zu wie ich königreiche aus
worthülsen errichte und der spärliche
rest des universums sei mein zeuge sie
sind nicht weniger bedeutungslos als
meine unfähigkeit zu überleben so weit
habe ich es gebracht keine gebete mehr
kein flehen um vergebung oder die
tragweite meiner emotionalen
intelligenz wiegt schwerer als eure
bemühungen zu gefallen dennoch lasset

gnade walten schenkt mir die distanz die
ich verdiene seht die scheiß motte wie
sie tänzelt in gleißendem licht dennoch
nicht verglüht und gelegenheit zu atmen
hatte ich noch nicht lasset mich sitzen
doch dort hinten ein wenig noch
verweilen in aller stille und fühlt euch
nicht belästigt von meinen blicken sie
haben längst nicht mehr die intelligenz
zu begreifen was es heisst zu töten
kennzeichnet sie als flüchtig so weit
habe ich es gebracht zähle alle
augenblicke zusammen in denen ich
verlassen wurde sie sind es nicht wert
darüber zu verzweifeln ich gestehe bin
nur deshalb hier weil ich nicht mehr
weiß wohin bekenne mich schuldig des

verrats an allem und jedem der könnt

nicht zärtlich mehr sein so denkt ihr wohl

ich erhebe einspruch ihr sollt brennen

der könnt nicht mehr von neuem

beginnen so denkt ihr wohl ich erhebe

einspruch ihr sollt hängen und ich gehe

hin in frieden so weit habe ich es

gebracht verwesungsgeruch hüllt meinen

immer träger werdenden körper in

schweigen und mit trauriger gewissheit

zähle ich für immer verloren geglaubte

momente die mich stets daran erinnern

wie es sich anfühlt brennt sich der kurze

moment zwischen leben und tot

unaufhörlich in die narben längst

verdrängter gefühle ich hoffte auf regen

damit ich mir einmal mehr einreden

konnte was soll ich bei so nem
scheißwetter schon rausgehen der hund
des nachbarn kratzte an meiner
wohnungstür kroch unter mein bett er
war dürr roch als würde er in scheiße
baden schielte man konnte nicht sagen
wo der arsch anfing und das gesicht
aufhörte dann lernte ich j kennen sie
entsprach dem ideal jenes traums den
männer mittleren alters zu träumen
wagten und der regen setzte ein nach
und nach und wir schworen einander
ewige liebe ewige treue sprachen nichts
und sie verschwand in der menge
irgendwann keine ahnung und der hund
kam irgendwann nicht mehr unter
meinem bett hervorgekrochen und der

nachbar kam irgendwann nicht mehr aus
seiner wohnung gekrochen und ich
vermutete herrliche sonnenaufgänge in
los angeles kaufte regenkleidung legte
mich schlafen in regenkleidung blieb
trocken sprach von der notwendigkeit
eines reinen geistes in zeiten atomarer
bedrohung vermutete herrliche
sonnenaufgänge in new york vermutete
menschen die einander liebten
respektierten achteten irgendwo
vermutete weiter irgendjemand wartete
auf mich hatte einen großteil meiner
jugend damit verbracht mich selbst zu
fragen wie emotional erkaltet menschen
sein müssen um es fertig zu bringen so
zu handeln und ich stellte die heizung

an dennoch war mir unwohl bei dem
gedanken alt zu werden oder noch älter
meist stand sie vor dem
badezimmerspiegel tastete ihre linke
brust ab sah aus dem fenster dann
verschwand im dunkeln eines spärlich
möblierten raumes in dem wir fickten und
die verheißungsvolle schwermut
drohender novembertage ließ mich an
der idee einer existenz teilhaben die
jegliches streben nach glück mit
vollständiger leere belohnte dann sie
füllte die badewanne mit kaltem wasser
behielt ihre kleidung an sagte siehst du
was du mit mir machst atmete dann tief
ein hielt den atem an tauchte unter oft
minutenlang bis ich sie schließlich aus

dem wasser zog wirst noch ersaufen
dumme nutte sagte oder sie summte
lieder aus ihrer kindheit sang mach dass
es wieder so schön wird wie es einmal
war und ich kaufte sonnenblumen werfe
sonnenblumen in den müll sie neben mir
siehst du alles in deiner umgebung stirbt
wenn sie erwacht werde ich neben ihr
liegen erkaltet sie wird den
temperaturunterschied nicht bemerken
blickt ohnehin nicht zurück tut es mir
gleich hatte viel gelernt in den wochen
die wir nach wie vor als schönste zeit
unseres lebens feilbieten und bam da
stand sie sah mich an ich umgeben von
glanzlichtern überirdisch schöner
menschen dann ihr atem dann ihre haut

und alles was von ihr bleiben wird ist ein
abstrakter gedanke oder die möglichkeit
oder der vorwand früher als nötig zu
gehen und bam der weg den ein
abstrakter gedanke benötigt sich zum
lasterhaften abbild seiner selbst zu
entwickeln mehr zeit sei uns nicht
vergönnt tagelanges ausharren nichts zu
essen und die ewigwährende hoffnung
der lärm würde nachlassen dann
unbedingte stille oder ihr verlangen
nach akzeptanz eine schneise der
verwüstung und sie so wenn du das
scheiß leben so sehr liebst das ist nen
abstrakter gedanke du bist nen abstrakter
gedanke ich bin nen abstrakter gedanke
dann sie schwieg und ich nen

hörschaden finde gefallen daran in
meinen eigenen exkrementen zu liegen
halte meine füße sauber beginne sätze
mit allerdings und des morgens
alltagsvisage grau und die farbe meiner
haut allerdings war ihr gesicht frei von
schmerz und ihr wesen vierzig
mikrogramm die weite des himmels lässt
mich erblinden und wieder ich
hinterlasse keine spuren egal was ich
bewerkstellige niemand wird sich
erinnern ein gedanke so unbedeutend
wie die unendlichkeit als ich dich neulich
sitzen sah zwischen all diesen menschen
wie ne erscheinung und die mädchen
schmachteten dich an und du hast sie gar
nicht bemerkt ich provozierte sie gerne

in der hoffnung sie würde aufstehen

weglaufen passierte nie sie saß da

versuchte zu retten was nicht zu retten

war ich befürchte ein mann kann nur

dann kurzzeitig glücklich sein wenn er

alles was ihm je etwas bedeutete in

weniger als einem augenblick zerstört

dann fühlt er sich überlegen dann

realisiert er was er getan hat dann ist er

unglücklich für den rest seines

erbärmlichen lebens du solltest nicht

höher als vierzig gehen du erstarrst

fühlst du das nicht ich fühle gar nichts is

so schlimm nicht du bist ein lebender

toter wo ist der junge der ständig über

alles witze machte bitte bleib ich würde

dich sehr vermissen is deine möse

eigentlich ausgeleiert ich meine weil da

ein kind rauskam nein hatte nen

kaiserschnitt und deine titten sind die

ausgesaugt und hängen bis zum

bauchnabel runter und sie lachte dann

ich übe gleichmäßig druck auf ober und

unterkiefer aus spreche sanft vielleicht

eine hymne auf antike göttersagen dann

die endsumme aller momente

hoffnungsloser verzweiflung und der

weg zum kühlschrank oder nicht ich lese

die feinen linien meiner altersschwachen

hände mir gefällt nicht was ich sehe mir

gefiel nie was sie sagten und der gestank

längst verblüter rosen unter vordächern

fein säuberlich angeordneter bungalows

erinnert mich an deine sommerkleider

weiter nichts hatte sich zu meinen
gunsten verbessert no truce with the
furies ich bin die ausgeburt des
scheiterns meiner eigenen progressiven
gedanken nichts wird passieren nichts
von belang und ich werde wieder
sterben werde wieder sterben und die
fettansammlungen unserer patinierten
wohlstandsvisagen bewegen sich
hektisch auf und ab kauen wir lachen wir
bedauern wir atmen wir man stellt
dahinsiechenden keine fragen wie wäre
heute der letzte tag in deinem leben was
würdest du tun nichts passiert nichts von
belang und ich trinke warte ein weiteres
jahr auf dich vielleicht werde mich
sorgen so wie es sich gehört so wie sie

sagen dass es sich gehört oder

nur des todes sanftmut könnte mich vor

ihr bewahren der unsägliche lärm den

ihr blutstrahl in meinen venen erzeugt

ihr lichtbild am gegenüberliegenden

ende eines raumes der kaum größer ist

als das gefühl unabdingbarer zuneigung

von der alle beteiligten wissen wie kann

ein leben verschwendet werden dessen

existenz niemand anerkennt der moment

zwischen zwei atemzügen nur ein

versehen schüchtern redet nicht viel

immer allein saß meist an der bar und

prügelten sie auf ihn ein kein laut

wappnet euch unglückliche habt mitleid

mit eurer trauer könnt ihr mich hören

könnt ihr mich hören oder etwaiges

tageslicht relativiert die spuren eines von
selbstzerstörung geprägten charakters
und ich verneige mich zu ehren meiner
selbst hatte es beinahe geschafft mir
einen geringen anteil etwaigem
selbstwertgefühls zu bewahren du bist
doch erwachsen musst doch wissen was
du willst natürlich ich war mir der
bedeutung dieser worte durchaus
bewusst und ich befreie mich von lust
befreie mich von schmerz lege nieder
meine waffen atme aus atme aus atme
aus höre dir nur zu oder ich lege nieder
meinen stolz entledige mich des zwangs
mich selbst wahrnehmen zu müssen
berühre mich versuche es nur zu verliere
dich in erinnerungen ertrinke in

selbstmitleid oder der morgentau reinigt

deine fucking seele und ich überschreite

die grenzen der vernunft reiße die

ausgeburten der abneigung gegenüber

allem unberührtem aus des

vollgefressenen volkes munde nur eine

geste der versöhnung nichts weiter oder

gib auch mir die möglichkeit unsicherheit

in deinen handlungen zu erkennen

damit ich früh genug vernichten kann

was dich zu wirklicher größe reifen

ließe und ich befreie mich von

manierismen die aus mir machten was ich

vorgebe zu sein nur um zu gefallen was

bleibt sind blutspuren oder wegweiser in

die weiten vollständiger isolation dann

fühle ich höre ich sehe ich atme aus atme

aus atme aus entledige mich etwaiger

pflichten gegenüber allem und jedem bin

nur mehr dein ganz dein was sonst soll

ich noch anfangen so spät so spät

weißt du noch oder erinnerst du dich

und lächle doch oder den gedanken ich

bin eine last für jedermann aufrecht

erhalten weit über den moment meines

eigenen ablebens hinaus und der

wehklang meiner tagträume ebnet mir

den weg in die einsamkeit dann plötzlich

stehenbleiben auf einer kaum

befahrenen straße zuhören wie der

schnee der fallende meinen namen

flüstert und nur das licht einer einzigen

straßenlaterne spendet wärme und

geborgenheit dort möcht ich bleiben für

sehr lange an dich denken immerzu oder

ich krieche vorgefertigten ideen eines

erfüllten lebens so lange hinterher bis

alles fleisch von meinen knochen

geschabt ist und wir teilen uns ein bett

nur lange genug bis alle wunden verheilt

sind wirst wohl glücklich darüber sein

mich einmal im leben dein eigen nennen

zu dürfen und ich freue mich so sehr

darüber deine lügen atmen zu dürfen

denn du besitzt nicht die geistige

spannweite zu begreifen wie ich fühle

da nur der schnee der gefallene meine

schmerzen lindern kann abfallprodukte

einer flüchtigen entscheidung die

meinem leben auf ewig die richtung

weisen ich verlor nen job das war nicht

weiter schlimm lernte I kennen sie war

jung und warm und roch gut und

schmeckte gut manchmal erzählte sie mir

von regionen der erde die sie schon

bereist hatte erzählte mir von

sonnenuntergängen in faro seufzte und

meine hand ruhte zwischen ihren

schenkeln oder ich erzählte ihr von

psychiatrien der stadt und umgebung in

denen ich schon untergebracht war und

wir lagen im dunkeln und ich zündete ne

kerze an möglicherweise stimmt es was

man sagt wirst du nicht reich geboren

musst du dich kaputtarbeiten um

beruflich erfolgreich zu sein und mit

vierzig siehst du aus wie n alter mann ich

hatte mich gut gehalten das lag daran

weil ich nicht viel arbeitete war nie stolz

darauf ne faule sau zu sein sagte ich bin

nicht stolz darauf ne faule sau zu sein

weißt du hielt es für angebracht ihr nicht

zu erzählen dass ich mühe hatte mein

leben mit sinnvollen aufgaben zu füllen

hielt es für angebracht ihr nicht zu

erzählen dass ich der meinung war teil

des natürlichen alterungsprozesses sei es

zu lernen menschen zu verabscheuen

und sie sagte ich hasse menschen weißt

du nur dich nicht dich liebe ich und das

licht der kerze tänzelte ein letztes mal

sieh doch wie schön der

sonnenuntergang dann fünfzehnuhreins

der fünfzehneinser in ihm sitzt ein junge

der mich ansieht in ihm sitzt ein junge

den ich ansehe lange genug um nichts

zu fühlen wir werden uns nie wieder

sehen hörst du und der kastanienbaum

an dem herr von o im märz

fünfundvierzig sich erhängte endsieg

und so neigt sich gen westen dann der

fünfzehnelfer ich wette er ist

überbevölkert dann der fünfzehnelfer er

ist überbevölkert frau von o ist dann

durchgedreht so erzählt man sich und

russen haben sie vergewaltigt oder

amerikaner wurde schwanger dann der

fünfzehneinundzwanziger fällt aus und

ich denke an den typen der sich unter

totem gleis eingräbt um sich wenigstens

einmal im leben selbst spüren zu können

sollte sich ein güterzug verirren und der

unterentwickelte junge rutschte aus ihrer

scheide im moment ihres todes und die

schneiderwitwe eilte mit ner schere

herbei dann der

fünfzehneinunddreißiger in ihm sitzt ein

mädchen das mich ansieht in ihm sitzt ein

mädchen das ich ansehe lange genug um

nichts zu fühlen wir werden uns nie

wieder sehen hörst du und das frühchen

wurde erwachsen sprach nicht viel

zeigte kaum interesse an was oder wem

auch immer der fünfzehneinundvierziger

leer komplett leer und der

sechzehneinser ist meiner er bringt mich

nach hause oder wohin auch immer denn

bedenke nur schmerz lässt mich willenlos

zurück nicht die amtswut deiner liebe so

viel lebe ich in diesen tagen atme vor

begeisterung und aller welten scham

nichts als fassade meine tagträume

brennen schneisen der verwüstung in die

untiefen meiner wahrnehmung schenken

mir eine ungefähre vorstellung davon

wie sich meine zukunft gestalten wird

und die treibende kraft vergangener

momente die ich zwangsläufig als schön

bezeichnen würde entwickelt sich zu

einer abwärtsspirale der ich mich nur

schwer entziehen kann fünf milligramm

es gibt nichts was ich noch erfühlen

könnte dass nicht längst jemand vor

meiner zeit wesentlich intensiver

wahrgenommen hat es gibt nichts was ich

noch denken könnte dass nicht längst

irgendjemand beschlossen hat
beschlagene fenster alternativtitel feudal
keine kommunikation error bild für bild
und ich betrachte spuren ihrer
menstruationsblutung am kopfende
meines weißen betts stelle vermutungen
darüber an wieviel kraft ich aufbringen
musste um ihr den ringfinger meiner
rechten hand in den after zu drücken
während sie sich auf mir mühte zehn
milligramm es gibt nichts was ich noch
tun könnte dass nicht längst jemand vor
meiner zeit bereits irgendjemandem
zugemutet hat es gibt nichts was ich noch
sagen könnte dass nicht irgendjemand
vor meiner zeit bereits ausformuliert hat
schreiten und die knochensäge in

meinem schädel flüstert du bist zu weit

gegangen feiertage die gewissheit

versagt zu haben als dauerschleife

einschlafen aufwachen und das alles

verändernde paralleluniversum

dazwischen fünfzehn milligramm ich bin

nicht sylvia plath nicht richey edwards

bin nicht kurt vonnegut dennoch monty

got a raw deal und ich funktioniere

wieder für ne weile plötzlich ist es soweit

wir küssen einander und ich erinnere

mich gesichter durch schusswunden

entstellt abgetrennte unterkiefer oder

baumwolle die mit senfgas vermischt

abstrakte muster in die haut junger oder

alter menschen brannte und sie flüstert

schön dann sperrfeuer ihren nacken

küssen ihre schulter streicheln ihr das
gefühl geben es sei ihr gestattet sich
geborgen zu fühlen man darf die
vermutung anstellen dass splitterbomben
irreparable schäden an extremitäten
verursachen ich glaube ich habe mir das
schon sehr lange gewünscht ich mir auch
und wieder küsse sie ist schön wirklich
schön menschen die tagelang
ununterbrochen schreien bis ihre
kehlköpfe eitern menschen die versuchen
geradeaus zu gehen unter furchtbarsten
krämpfen warte wir brauchen ein
kondom ich bin steril is das dein spruch
nein wirklich wunden die gelblichen
schleim absondern und das wehklagen
verwundeter oder vater mutter oder

besser oh gott dann kein wort mehr nur
leblose körper die von anderen leblosen
körpern über unasphaltierte wege
gezogen werden oder ihre fingernägel
zerkratzen meinen rücken und ich
erwache aus einer endlosen abfolge
markerschütternder schreie du kannst
gerne über nacht bleiben wenn du
möchtest das is lieb von dir aber nein
danke sing lieder sing eines deiner
lieblingslieder und wieder küsse sie
gaben ihm kleidung gaben ihm zu essen
zu trinken er steht da allein sieht
niemandem mehr in die augen ich bin
guter dinge reinige tische in nem
tagescafe gegen bezahlung und die
jungen lachen sprechen von integration

und die alten tragen sweatshirts mit

aufschrift oder stören sich an meinen

hosen und ich setze neue schnitte sie

bluten weniger stark seit ich vierzig bin

fühlen sich weniger intensiv an seit ich

fünfunddreißig bin und ich jammere

nicht beschwere mich nicht trotzdem sagt

man mir fast täglich wird schon werden

und auf einem fragebogen steht wie

würden sie ihren zustand beschreiben

gut schlecht keine angabe ich schreibe

stabil und ein arzt sagt das geht nicht sie

müssen sich für eine der vorgegebenen

antworten entscheiden und ich

entscheide mich für keine angabe dann

sie geben mir medikamente die mich zum

sprechen zwingen oder dafür sorgen

dass ich mich so verhalte wie ich mich als
kind verhalten habe verhalte mich wie
ein kind weine sage als sie mich verließ
schien es als würden ihre füße in eine
andere richtung gehen als der rest ihres
körpers und auf ner psychiatrischen
fachzeitschrift steht dieser moment
überdauert eine attosekunde
vergänglichkeit war fehl am platz und
ich schrieb ihr ne zeile sagte ein roman
isses sie konnte mich nicht hören über all
die jahre dann der einzige gedanke der
mich über jahrzehnte ruhig schlafen lässt
ist zu sehen wie du alt und schwächlich
wirst verreckst oder der letzte capuccino
mit sahne garniert und
schokoladenpulver dann vielleicht der

hauch einer erinnerung an vater oder
mutter wie sie dir frühstück zubereiten
ein fürsorglicher kuss und die initialen
ihres vornamens in die brandnarben
meiner unterarme geritzt deine augen
sind so traurig warst du beim arzt
deswegen ja sagte kann man nichts
machen das is weil der mund nich lacht
und sie sammelte audiovisuelle medien
mein testament ist schon geschrieben
gehört dann alles dir wirst den rest
deiner tage damit verbringen zu
beweinen wozu du nie den mut hattest
und ich warte auf das erlösende
gitarrensolo eines mittelmäßigen
popsongs stehe etwas abseits einer
siechen menschenmenge und wieder

verse chorus verse und sollte die

expansion des universums letztendlich

seinen asymptotischen grenzzustand

erreichen ich werde nie den mut finden

ihr zu sagen dass ich ohne sie nicht

länger existieren möchte jeder

ungelenke versuch zu atmen endet mit

des tages lichtkante dann der wiederhall

ungesprochener worte mahnt zur

sanftmut oder jeglicher versuch am leben

zu bleiben wird mit dem tode bestraft

und da es an der zeit war zu gehen

machte ich mich auf zu gehen oder ihre

letzten worte worte die das schmale

band welches realität und traum

verknüpft zu zerteilen vermochten

begleiteten mich auf meiner reise in die

niederungen einer existenz die so nie
beabsichtigt war und die bedrohliche
gegenwart des lichts färbte einen
großteil meiner hoffnungen und träume
schwarz sie lachte nicht mehr fürchtete
den tod umarmte mich ich hatte
bedenken sie könnte in meinen armen
sterben und sie weinte aus eifersucht
beobachtete sie mich beim schlafen
wenn du so da liegst dich um nichts
kümmerst sorgenfrei bist vielleicht da
möcht ich schon zusehen wie du stirbst
glaubst du an gott nur so sehr um in
sätzen zu sprechen wo gott nich gut
wegkommt und du noch weniger das
heißt manchmal träume ich wie ich in ne
kirche gehe und jesus am kreuz hat ne

mächtige erektion und ich lutsch ihm

dann den schwanz ein schöner schwanz

n richtiger männerschwanz mit vielen

adern und dann naja ab da hab ich glück

im leben oder treffe dich und du sitzt in

irgendwelchen studentencafes starrst und

ich darf neben dir sitzen mister ich bin

zu gut für diese scheiß welt weiß es und

lasse alle daran teilhaben so oder so

ähnlich und das licht tiefschwarz dann

lachen stille dann der unvermeidliche

aufprall intelligent wirkte sie nur dann

schwieg sie sich tagelang aus und in

ihren augen hoffnung und trauer und

tränen glücklich waren wir nur dann

erzählten wir bekannten wie glücklich

wir seien einander gefunden zu haben

oder dankbar und ich schrieb ich
vermisse dich so sehr und sie antwortete
ich liebe dich hüllte ihren sterbenden
körper in teure markenkleidung und
wurde ich mir der tatsache gewahr dass
ich mich unsterblich in sie verliebt hatte
sagte ich lass das makeup weg entledige
dich deiner kleidung und du bist nicht
besser oder schlechter als der klägliche
rest da draußen und sie schrieb warum
machst du das und ich antwortete ich
vermisse dich so sehr in der zeitspanne
die es uns gestattete einander zu lieben
zu achten vermied ich grundsätzlich
sätze wie als ich in deinem alter war
einfach um mir selbst das gefühl zu
vermitteln der altersunterschied spiele

keine rolle denn wir waren beide nur
mittelmäßig darin das offensichtliche
auszublenden und sie sagte richtig schön
bist du nur dann wenn du auf deinem
bett liegst voll bekleidet nichts sagst dann
ich habe nichts zu sagen test ich habe
nichts zu sagen glorifiziere meine
vergangenheit stattdessen und doch ich
weiß nicht wer ich bin außen nacht mein
klagelied hallt durch die straßen und
meine tränen fließen in zimmerlautstärke
sitze ich nach vorne gebäugt test eure
straßen drohgebärden türknallen die
spannweite meiner emotionalen
intelligenz nur kalter hauch oder im
frühjahr wenn die gute sonne scheint du
und wir verlieren uns in banalitäten

trinken innen tag gelber raum denn der

tod hat alle andren farben schon gesehn

denn der tod erleuchtet nur kurz oder

lange genug meine fünfzehn minuten

ruhm hörst du warhol test scheinwerfer

ersetzen die gute sonne und ich

unterspiele gefalle lüge beachte dich

nicht im augenblick deines todes

vergeben musst du mir bestimmt test ich

habe nichts zu sagen weniger licht noch

weniger ich liege probe zeichne mit

weißer kreide die umrisse meines auf tod

getrimmten körpers auf den schwarzen

holzboden bessere aus gefällt es ist nicht

richtig heute schon zu gehen so steht es

geschrieben und sie entwerfen

songstrukturen applaudieren an der

richtigen stelle weiter außen dämmerung

weißt du noch dann ein foto eine junge

frau vor einem bungalow glücklich

vielleicht das bist du dann weiter

erinnerst du dich ein junger mann

gequältes lächeln gespielt vielleicht der

hintergrund unscharf das bin ich die

kläglichen reste deiner zuneigung

wahren schönen schein muten an wie

gutgemeinte ratschläge gutgemeinter

menschen enden zwangsläufig an

trennwänden baufälliger scheißhäuser

und warum auch nicht das gesicht

bedecken mit blutgetränkten tüchern

warum auch nicht küssen regennasse

mauern aus stahlbeton auf vergebung

hoffen das sichtfeld meiner beschränkten

wahrnehmung oder die ausgeburt einer

farbenprächtigen kombination aus licht

und schatten opfern zugunsten ewiger

dunkelheit und es ist die dunkelheit die

uns antreibt vermeintlich gutes zu tun die

hoffnung den menschen zu finden nach

dem man sich ein leben lang sehnt das ist

es wert am leben zu bleiben hab ich

irgendwo gelesen erinnerst du dich als

dir bewusst wurde dass du

möglicherweise zum erstenmal in deinem

leben verliebt sein könntest hoffnungslos

vielleicht und der moment kurz bevor du

mit diesem menschen fickst genau diese

körperhaltung leicht nach vorne gebeugt

deine zehen suchen vergeblich halt an

den innensohlen deiner schuhe letzte

notsignale deines gehirns an den rest
deines sterbenden unterleibs gleich
passiert etwas schreckliches ein erlebnis
beweggrund all deiner zukünftigen
handlungen etwas so gewaltiges nein
oder dont dont no und ich lehne mich
zurück betrachte dich nichts richte mich
auf betrachte dich nichts blicke zurück
betrachte dich und da ich das
übermächtige bedürfnis verspürte die
welt grundlegend und für immer zu
meinen gunsten zu verändern wurde ich
müde sprach von vergeltung suchte
frieden auf den fluren verwaister
nervenheilanstalten adressierte
liebesbriefe an menschen deren
leidensgeschichten mich zu emotionen

inspirierten die sich jenseits aller

gängigen klischees ihren weg in die

bedeutungslosigkeit erkämpften gefolgt

vom kläglichen rest selbstachtung die

man mir als kleinkind in mein

nervengewebe brannte und ich öffne

mein herz ein wenig sehe zu wie es

verblutet bleibe doch zurück so wie es

immer war so wie es immer sein wird und

verspüre ich das übermächtige bedürfnis

einzuschlafen spreche ich von der

notwendigkeit grenzenloser zuneigung

um vorbereitet zu sein auf was auch

immer streue hoffnung lasse zeit

vergehen lasse zeit vergehen breche

licht zu einem schatten der dir nur so

lange folgt bis du erkennst dass du

geblendet wirst vom wesen allen seins

dann die tür aus dem frühen

zwanzigsten jahrhundert die zu fein

geführt von hand geschlossen wird die

scheinbar perfekt austarierte anreihung

verschiedenfarbiger wolkenformationen

die farbe der wände der bettwäsche der

kleidung die sie mir stellen der geruch

der kleidung die sie mir stellen der

geruch aller natronlaugen dieser welt

die es auch nach mehrmaligem waschen

nicht schafften duftschleier von

erbrochenem zu neutralisieren du wirst

geduldet oder das versprechen des

bodenbelags aus pvc das versprechen

von unter letzten körperlichen kräften in

die wand gekratzen vertiefungen die

farbe von kaltem mehrere monate altem

sperma der geruch von kaltem mehrere

monate altem sperma der anblick ihrer

überteuerten kleidung das versprechen

sie würden alle mühen dieser welt auf

sich nehmen nur um ihre kleidung sauber

zu halten die beschaffenheit der

bettdecke die mir streiche ich behutsam

darüber die haut von den händen reißt

der geruch ihrer auf praktikabilität

ausgerichteten möbel besucher

menschen oder was davon übrig bleibt

jahrmillionen alte nie in frage gestellte

verhaltensweisen der fahle geschmack

ihrer küsse der abgestandene geruch

ihrer vertrockneten haut ihrer

strohtrockenen haare ich bräuchte nur

ein streichholz zu entzünden und sie
würden in sekundenbruchteilen zu asche
zerfallen oder nur ein wort von mir und
euer herz stünde still auf ewig dann der
verständnisvolle grundton deiner letzten
worte was tun wenn man jemanden
derart liebt weitergehen zurückblicken
weitergehen der von bitterkeit
durchsetzte grundton gutgemeinter
ratschläge was tun wenn man jemanden
derart verachtet weitergehen
zurückblicken weitergehen dann
theatrales affektiertes egozentrisches
verhalten übertriebenes zeigen von
gefühlen auf der bettkante
sitzen etwas weiter links versuchen
aufzustehen wieder hinsetzen versuchen

aufzustehen eine logische abfolge

biomechanischer prinzipien dann etwa

sechzehn bis zwanzig atemzüge pro

minute und der gedanke man sollte euch

alle töten wandelt sich zu einer

sehnsuchtsmelodie vier minuten und

dreiunddreißig sekunden lang

weltfrieden dann auf der bettkante sitzen

etwas weiter rechts versuchen einen

weiteren gedanken zu fassen

regentropfen zählen versuchen

aufzustehen wieder hinsetzen oder

einen schritt vor den anderen setzen

wahrhaftig spüren alles ist in ordnung

den moment begreifen an dem es kein

zurück mehr gibt jemanden anrufen oder

es ernsthaft in erwägung ziehen hi es tut

mir so furchtbar leid sollte ich gemein zu
dir gewesen sein ich liebe dich werde
dich immer lieben dann die küchenzeile
drei schritte die linke schranktür öffnen
sie schließen die mittlere schranktür
öffnen sie schließen die rechte
schranktür öffnen sie schließen die
kiefergelenke entspannen lieder
komponieren die nie jemand hören wird
auf der bettkannte sitzen etwas weiter
links versuchen aufzustehen wieder
hinsetzen minütlich weniger als zehn
getätigte atemzüge schwierigkeiten bei
der aufrechterhaltung der
organfunktionen rec und play
gleichzeitig gedrückt halten aufstehen
stehen vier minuten und dreiunddreißig

sekunden lang ich rechnete mit

albträumen zwei drei monate höchstens

stehe am rand einer kaum befahrenen

straße stehe seit jahren an der gleichen

stelle altere nicht und die wunden an

meinen händen sie wollen nicht heilen

spricht sie über weltfrieden und dessen

auswirkungen auf den überbordenden

willen zu zerstören der jedem menschen

gegeben schiebe ich meine hand in ihr

höschen fingere sie hart und sie kommt

schnell und die wunden an meinen

händen sie heilen und wieder ich bereite

mein eigenes sterben vor weiß sie bleibt

in meiner nähe vermute sie braucht

diesen zustand genau wie ich um besser

atmen zu können möglicherweise in

ihrem gesicht zeichnete sich eine
vielzahl verlorener hoffnungen und
träume ab oder sie erzählte mir von
ihrem sehr früh verstorbenem vater sagte
erfolgreich zu sein bedeutet
ewigwährende einsamkeit in ner
anderen stadt ständig jammernd wie
beschissen es einem doch geht und nich
in arsch hab ne entzündung da auf
fotografien war sie nur noch im
hintergrund zu sehen man konnte
erahnen wie schön sie aussah
irgendwann und es geschah dass sie
mich des hochmuts bezichtigte mir ins
gesicht spuckte lachte weinte und wir
gingen aus und sah ich eines dieser
vermeintlich unbeschwerten mädchen

sagte ich die is fuckable findest du nich

dann sie machte ne szene und die

türsteher warfen sie raus und ich

verprügelte die türsteher oder die

türsteher verprügelten mich scheiße sie

wollte sich verändern irgendwo in

richtung therapie bescheinigte mir eine

persönlichkeitsstörung mit histrionischen

zügen gab mir ihre telefonnummer ich

vermutete sie hatte sich wie ich selbst

akribisch auf momente wie diesen

vorbereitet der kopf leicht geneigt

flüchtige blicke das gesicht gerötet der

gedanke ich würde nie wieder jemanden

wie sie finden stellte sich ein und ich

referierte über das dilemma meiner

existenz in kindlicher manier und im

röhrenfernseher ein typ in jeans und
cowboystiefeln womöglich in den bauch
getroffen er singt i stay at home cause im
the mouse sackt kunstvoll in sich
zusammen richtet sich unter
zuhilfenahme all seiner leibeskräfte auf
ertastet seinen revolver richtet ihn gegen
sich selbst dann beifall ich wehrte mich
wochenlang dagegen sie direkt
anzusehen wehrte mich stundenlang
dagegen sie zu berühren definierte sex
als gottes gerechte strafe an die
sehnsüchtigen und gott kennt keine
gnade dann trennung auf probe und sie
soff durch in der kneipe gegenüber saß
am fenster sah zu mir hoch und ich zog
die vorhänge zur seite deutete ihr an zu

mir zu kommen saß auf der bettkannte

spielte ich pass auf dich auf spielte gut

dann trennung auf probe und ich sah zu

wie blut aus einer mir selbst zugefügten

schnittwunde tropfte und sie sah zu wie

blut aus einer mir selbst zugefügten

schnittwunde tropfte ging nach norden

wartete zehn jahre in ner kneipe weinte

als wir uns wiedersahen dann trennung

auf probe und ich ging nach westen

wartete sieben jahre hinter der kasse

eines schnellrestaurants und wir wurden

müde jenes zorns der uns zu einem

produktiven teil der gesellschaft

degradierte gierig ergieße ich geflügelte

worte dir zu gefallen wahrhaftige deiner

idee von schuldigkeit gerecht zu werden

und ihre füße kalt und ihre hände kalt
und die flüssigkeiten die ihr körper
freisetzt süßlich beinahe scheint es als
würde sie mich ansehen doch sieht sie
nicht mehr nie mehr möglicherweise und
ich neige meinen kopf zur seite spreche
zu mir selbst in festlichem ton was
ängstigt dich geliebte bin mir der
unfreiwilligen komik dieses moments
bewusst lache nicht und ihre vollen
lippen öffnen sich und es scheint als
würde sie etwas sagen und ich höre und
nichts tatsächlich nichts dann weiter du
sahst nie schöner aus wirktest nie
zufriedener und ihre brust kalt und ihre
stirn oder ihr gesicht jenes gesicht dass
ich verabscheue da ich mich klein und

unbedeutend fühle werde ich zeuge wie
es irgendjemand berührt ihr dabei tief in
die augen sieht ihr alles verspricht
momente in denen mir bewusst wird sie
unerreichbar ich unbedeutend und sie
atmet gleichmäßig so wie man sie lehrte
nichts außergewöhnliches oder die
vernarbte stelle an ihrem schienbein die
klinge war zu scharf oder die vernarbte
stelle an ihrem handgelenk die klinge
war nicht scharf genug völlig egal wie
lange wir zusammen sind wir werden
einander niemals begreifen dazu müsste
man den mut aufbringen sich selbst als
verletzliches wesen wahrzunehmen ich
ziehe es vor diesen gedanken nicht
auszusprechen bald wird sie wieder

sehen oder ich sehe dich spielen ich
weiß wie du fühlst fühle mit dir aber das
ist in ordnung und ich schnitt zu tief
rutschte auf meinem blut aus dann die
idee sie könnte mich lieben oder ja der
winter war wirklich sehr lang dieses jahr
höchstens warum schaust du so passt
schon ich freu mich sehr dich wieder zu
sehen gut siehst du aus reiche mir deine
hand und ich umarme dich umarme mich
und ihr speichel formte sätze an denen
ich zu ertrinken drohte näher du kapierst
nicht idiotin geh ins wasser und ich folge
dir bin die kugel die in dein gewebe
eindringt irreparabel noch einmal sätze
die mit meine mutter beginnen oder
meine eltern wirst sehen wie du mich

vermisst dann lache ich und es ist mir
egal ich bin nicht der traum aller die da
wandern im dunklen tal lass uns
verrecken spielen du zuerst geh doch
geh ich habe dich nie gebraucht brauche
dich nicht wage es mich zu umarmen
wage es dann verzeih ich habe
vergessen zu erwähnen dass du mehr
bist als nur ein kleiner unbedeutender
teil meiner existenz ich würde es nicht
wagen dich mein eigen zu nennen und
solltest du mich fragen was machst du in
diesen zeiten außer schweigen ich
würde mich aufs sterben vorbereiten
antworten oder ich bin nicht der hüter
deiner hoffnungen und träume die da
zahlreich liegen auf zerschmetterten

fluren tust gut daran mich zu vergessen
entledige dich deiner nachtschatten ich
schaffe es nicht zu atmen zu sprechen
kann dich nicht sehen bin nicht in der
lage dich zu ertasten verweigere mich
heute morgen und an allen tagen die
noch folgen kann nur erahnen wie sehr
du leidest unter mir ewig mir will mich
nicht erheben und könnte ich mich dazu
überreden würde ich versuchen diesem
todbringenden leben zu entfliehen du
bist nicht imstande auch nur einen
gedanken zu fassen der abweicht von
gängigen mustern fein nuancierter
schmeicheleien ich artikuliere mich in
weh und klagelauten besitze nicht die
geistige spannweite zu begreifen was ich

dir bedeute oder wir haben unsere

selbstachtung zugunsten einer wagen

vorstellung von zusammengehörigkeit

geopfert freiheit gleichheit

augenscheinlich fein austarierte begriffe

doch ihr klang zunehmend lofi oder sie

gehörte zu jener sorte frau die sich nicht

bewusst darüber war wie gut sie aussah

ich wusste es hatte keinen sinn einander

weiterhin zu daten und möglicherweise

verschwieg ich ihr wichtige details oder

informationen zu meiner person die es

ihr ermöglicht hätten zu gehen ohne

größeren schaden zu nehmen doch ihr

lächeln war mir gut genug und sie sagte

woran denkst du und ich antwortete wie

so oft weiß nich sie wuchs in den bergen

auf vermisste die berge und war sie

traurig nahm ich papier und stift zur

hand zeichnete berge oder versuchte es

und sie lachte wieder wollte eine familie

gründen zwei kinder hund irgendwo in

den bergen mit mir und das erste mal in

meinem erbärmlichen leben wurde ich

mir der bedeutung der worte meine güte

junge das wirst du schmerzhaft bereuen

gewahr und ich versicherte ihr sie zu

lieben konnte nur vermuten was genau

dies für mich bedeutete oder der

gedanke sie müsse nur mit den fingern

schnipsen um eine armada wesentlich

jüngerer typen am arsch zu haben

machte mich rasend als wir einander

kennen lernten beobachtete ich oft wie

sie etwas ungelenk tische abräumte oder

sich mühte bestellungen fehlerfrei

aufzunehmen rückblickend hatte auch

ich keine chance musste ihr einfach

verfallen und die unumgängliche

tatsache dass ich jahrzehnte lang in

emotionaler kälte verbracht hatte legte

den grundstein für einen großteil meiner

handlungen und sie machte sich auf zu

gehen ihr herz gebrochen und meines

zu dieser zeit nannten sie mich drücker

und obwohl ich keiner war lernte ich

mich wie einer zu bewegen wie einer zu

sprechen lernte drückergesten glaubte

daran lange genug und die mädchen die

jungen warfen mir blicke zu auf die ich

wochenlang onanierte ficken durften wir

einander nie und zu dieser zeit nannten

sie mich cowboy obwohl ich keiner war

lernte dann an mülleimern zu stehen die

beine überkreuzt ne kippe im

mundwinkel und die mädchen die alten

warfen mir blicke zu auf die ich

wochenlang onanierte und vögeln wollt

ich sie schon gerne und weiter ich ziehe

durch die straßen in der hoffnung

jemand ritzt mir ein label in die haut

damit ich noch ein paar tage hinter mich

bringe sommertage vielleicht in

verdunkelten räumen mit schwachem

rotem licht oder sie nannten mich

borderliner und ich studierte deren

verhaltensweisen und die nagelschere

liegt griffbereit und mein unterschenkel

liegt griffbereit mir ist bewusst ich geh

zugrunde sitze stumm in rechten winkeln

habe genug von schmerz und einsamkeit

geselle mich sehr gern zu euch

verstorbene dann ihre augen ihr mund

die idee makellose perfektion als chance

zurück zu finden in eine von normen

dominierte existenz oder das gefühl auf

ganzer ebene versagt zu haben du du

bist du bist wie ich möchte dich schon

lieben eines abends und wir stoßen an

mit aluminiumfolie von der wir rauchen

nachmittags erzählen einander

alltägliches in epischer manier dann

einatmen städte durchschreiten vorbei an

den lebenden vorbei an den toten

sterbende eure bestimmung erfüllt mich

mit sehnsucht auch ich bin mir selbst gleichgültig und der gedanke all eure bemühungen mich für euch zu begeistern erfordere konzentration und blut begleitet mich zwei querstraßen weiter keine angst kleines es wird keinen krieg geben oder die straße misst dreiundvierzig schritte am ende dieser straße werden wir einander übersehen dann eine umarmung schweigen und die kläglichen versuche meines körpers am leben zu bleiben raubkopien längst verdrängter gedanken die das wort hoffnung beinhalten ich wollte dir nur helfen du wolltest mich töten ich wollte dass du lebst du hast mich geopfert deine zuneigung ist ohrenbetäubend siehst du wie ich lebe deinetwegen und ich liebe

dich versprochen dann ausatmen der

blutspur meines atems folgen und beeilt

euch mir zu sagen ich sei nichts wert

oder all meine versuche ein sinnvoller

teil der gesellschaft zu werden finden ihr

bedauernswertes ende im bestreben

neues zu wagen ich gebe auf gebe

wieder auf stopft mich voll mit pflichten

auf dass sich meine gedärme winden bis

sie platzen verspeist ihre überreste

defäkiert sie auf eure wohnzimmerböden

näht sie wieder zusammen und beginnt

von vorne doctor doctor im in bed oder

ich äußerster bildrand kaum noch

sichtbar und der wunsch unumgänglich

zu sein katapultiert mich in eure arme

oder was genau bedeutet es wenn ihr
das ende einer ära propagiert dann die
unendlichkeit schneidet mir ein lächeln
ins gesicht bereue ich artig würge meine
initialen auf den asphalt nur zu gebt mir
auch weiterhin die möglichkeit euch
zurückzuweisen gerne verliere ich mich
im glanz eurer unschuld und der
schmerz oder die angst davor schmerz
ertragen zu müssen führte mich ans
tageslicht und ich bereite mich darauf
vor mir selbst und dem rest der
menschheit einzureden ich sei jung
geblieben könne immer noch alles
erreichen oder schlimmer könne jede
haben die ich will und der schmerz oder
die angst davor schmerz ertragen zu

müssen führte mich zu ihr und ich

imitiere bewegungsabläufe oder

verhaltensweisen so benimmt man sich

empfindet man liebe und sagte sie bist

weird irgendwie nicht anwesend küsste

ich sie auf die stirn ich stärker als größer

als starre auf werbeplakate die mir

versprechen zu erhalten worauf ich doch

vergeblich warte und ich tanze bis ich

mich übergeben muss übergebe mich bis

ich kollabiere kollabiere erwähne sätze

die das wort zusammen beinhalten

denke möglicherweise zuerst an mich

selbst dann der klang von staub der

meinen körper umhüllt während ich zu

ergründen versuche was wirklich damit

gemeint ist spricht man von erneuerung

oder das licht der sonne wird nicht

ausreichen damit ich mich zurechtfinde

in einer welt die niemanden braucht um

sich selbst zu überleben und ich erwache

inmitten von wiesen und feldern aus dem

off ich stehe auf nein fucking erhebe

mich gehe nein fucking schreite vier

meter gestern drei konzentriere dich auf

morgen weiteratmen dein spiegelbild

wirklich daran vorbeigehen ohne

sichtbar zu werden fuckin yeah sie

hatten unrecht ich lebe noch oder

versuche es und die schmach der

einsamkeit die meiner menschengestalt

ausdruck verleiht fesselt mich an die

gegenwart und die gegenwart eilt durch

die nacht bis ich nur mehr wenig bin der

schmerz trägt eine goldene krone seht

den herrscher den einzigen letztendlich

bin ich fester bestandteil von

irgendetwas gehöre zu irgendjemandem

oder die melodie meines atems lässt

keine zweifel mehr zu ich bin er tritt auf

der nachthimmel hatte sich kaum

verändert bestimmte den rythmus seiner

blickakkorde verkleinerte die spannweite

seiner existenz inspirierte die logik

meiner handlungen zu skurrilen

sequenzen die das wort absurd oder

dessen bedeutung nicht vollständig

aussparten und ich setzte mich in die

mitte eines königreichs aus zorn und

einsamkeit hielt flammende reden dann

standing ovations oder zuspruch der

mich ein leben lang begleiten wird und

das gefühl verlassen zu werden

entspricht auch weiterhin zur gänze

meinen vorstellungen sie tritt auf und ich

blicke gen norden lächle das solltest du

nicht tun und sie blickt vertrauensvoll

gen osten spricht vom ende eines

lebensabschnitts und ich antworte in

vertrauensvollem ton mit dem geschmack

ihrer klitoris in meinem rachen wenn du

gehst gehe auch ich was würdest du tun

mach dich auf den weg in die nacht

tanze dich frei und auch ich werde

wieder erwachen siehst du dieses messer

sie zeigt die schere es liegt nachts

zwischen meinen schenkeln erinnert

mich an deine zuneigung er gebärt

spinnen das bin ich werde dich verfolgen

in die wirren deiner nachtmahre ich

dimmte das licht im flur ihm war wohl

bewusst das licht im flur existierte nur in

seiner realität im fenster hinten rechts

flammen seht der morgen du hast zu

lange gewartet man erkennt dein wahres

alter beide schweben jetzt und sie sagt

du warst nicht drei tage im koma du

warst drei tage bewusstlos ich zeige ihr

wie man eine akustikgitarre hält spiele e

moll oder mein kreislauf bricht

zusammen du hättest in der klinik

bleiben sollen bist noch zu schwach um

leben zu können bist noch zu schwach

um lieben zu können sie umarmt mich

widerwillig und ich sage solltest nicht bei

mir sein solltest dein leben genießen ich
spüre ihren herzschlag spüre meinen
herzschlag zum ersten mal in meinem
leben stehe auf renne auf die straße sie
könnte am fenster stehen könnte meinen
namen rufen so wie es immer war so wie
es sein sollte und weinend liegt sie auf
meinem bett mir ist als hätte ich sie
jahrelang nicht gesehen sing dieses lied
du weißt schon ich singe sie schläft ein
wenig öffnet ihre augen kannst du nicht
glücklich sein ein wenig nur stell dir vor
ich würde mich ständig töten wollen wie
würdest du dich fühlen ich kollabiere
erwache kollabiere erwache
ihre zarten finger in meinem gesicht
mein kopf in ihrem schoß leg deine

hände um meinen hals hier musst du

zudrücken ganz fest sie drückt zu ganz

fest ich weiß sie zieht es nicht durch

also du hebst langsam deinen kopf sagst

selbst wenn ich meine augen schließe

bleibe ich dir gleichgültig und auch

wenn ich lächle bleibt mein leben ohne

sinn nachdenken nachdenken

nachdenken ich habe es versäumt dich

gutzuheißen summton stärker immer

stärker immer noch stärker und dein

wesen gleicht dem totgeglaubter

reproduziert die fallsucht drohender

momente totgeglaubter und fallsucht

weiß ich jetzt nicht haben wir glaube ich

schon mal irgendwo musst du nochmal

gucken klingt aber interessant träume

tagträume nachtmahre seidenwände
haben wir auch ziemlich oft ist schon
grenzwertig weniger ist mehr dont be
dramatic also dann regen es regnet
wieder mal du musst dann auf der
markierung stehen stellste dich halt
gleich so hin und selbst wenn ich bete
bleibe ich doch unbedeutend warte mal
willst du auch was essen oder trinken
also ich nehm einen kaffee so einen im
glas danke ja weiter oder warte mal
weißt du was das is irgendwie zu schwer
die leute wollen was leichtes ihr eigenes
leben ist ja schon schwer genug
überarbeite das doch nochmal mach eine
komödie draus ich versteh was du meinst
ehrlich finds auch super und alles aber

mach es witzig die leute wollen lachen

ok nächster bitte herr w hatte keine eile

wusste dass frau b erst kurz vor

dreiundzwanzig uhr zu ihrer eigenen

party erscheinen würde und er nutzte

die verbleibende zeit den club

aufzusuchen in dem elisa arbeitete und

obwohl er befürchtete dass elisa

aufgrund ihres jugendlichen alters nur

höflich sein wollte als sie während einer

gemeinsamen küchenschicht sagte komm

gerne mal vorbei kaufte er aufdringliches

männerparfum jugendliche kleidung

dauerlächelte obwohl ihm angesichts

drohender arbeitslosigkeit und

bevorstehendem entzugs kaum danach

zumute war und da der club noch nicht

geöffnet hatte wartete er eine weile auf

der gegenüberliegenden straßenseite

beobachtete zahlreiche junge männer

die mit aufbauarbeiten beschäftigt waren

junge männer mit dunklen vollen haaren

groß trainiert und herr w betrachtete

sein schmächtiges spiegelbild das ihn aus

grellgrün beleuchteten schaufenstern

anstarrte und herr w sprach sie könnte

ein dutzend solcher typen haben jeden

abend sie sind nicht sie selbst herr w

gehen sie nach hause hallo herr w ich

hätte nicht gedacht dass sie noch

kommen wieso frau b na ja man macht so

seine erfahrungen und herr w umarmte

frau b und frau b erwiderte die

dringlichkeit dieser berührung sprach

leise mit sorgfältig ausbalanciertem

gestus erwähnte ihre modelkarriere die

zwischen schlecht bezahlten aushilfsjobs

und wöchentlichen besuchen bei mäßig

talentierten schönheitschirurgen im

nichts verlaufen war und herr w mühte

sich die jugendlichen manierismen die er

sich hart antrainiert hatte auf ein

minimum zu reduzieren das ist ein

wirklich schönes kleid frau b nicht

konservativ nicht aufdringlich sehr gut

dankeschön herr w so etwas habe ich

lange nicht gehört ich mag ihren stil bei

jedem anderen mann würde ich sagen

machs nicht aber an ihnen siehts gut aus

natürlich vermutete herr w frau b habe

wie auch er selbst mehrere stunden vor

dem spiegel verbracht oder eine menge
geld investiert um der gunst eines
augenblicks den niemand zu
kontrollieren vermag den anschein
makelloser perfektion zu verleihen ich
finde es sehr angenehm mit ihnen zu
sprechen frau b wissen sie man
arrangiert sich mit der einsamkeit
arrangiert sich mit der stille das mag
wohl sein herr w aber kann man
tatsächlich behaupten sie hätten nicht
die chance gehabt auf ein leben mit
einer frau an ihrer seite auf ein leben mit
familie sie finden das bestimmt
unglaublich dämlich frau b
wahrscheinlich bezichtigen sie mich der
lüge was denn herr w ich treffe heute

abend noch einen guten freund er geht

für ein jahr nach australien treffe ihn nur

kurz verabschiede mich von ihm werde

in etwa zwei stunden wieder hier sein

nein überhaupt nicht herr w das ist doch

kein problem grüßen sie ihren freund

von mir bis später und herr w lächelte

nicht küsste frau b etwas ungeschickt auf

die wange frau b erwiderte nicht und

herr w sprach mit dem mond dem vollen

schon merkwürdig so viele jahre und du

hast dich kein bisschen verändert immer

noch voll zuversicht soll ich mir einen

bart stehen lassen weißt du ich fühle

mich nie unbeobachtet kann nicht frei

agieren wünschte ich könnte weggehen

von allem schon merkwürdig obwohl ich

weiß wie alles enden wird freue ich mich

manchmal sehr elisa lächelte nicht weil

sie glücklich war elisa lächelte weil sie

überzeugt war dabei gut auszusehen

und herr w winkte unbeholfen und elisa

lächelte hey herr w na wie gehts gut

dankeschön elisa und du selbst och ja

nich so viel los cooler laden ja gefällts

dir hier elisa is ganz nett herr w sind die

gut zu dir elisa ja möchtest du was

trinken coke was limo wir haben doch

hier nur alkohol oh na dann ein bier pils

oder helles pils siehst schön aus elisa und

elisa lächelte hip hop hmm voll und rock

nee is für alte männer na was für ein

glück dass ich noch jung bin elisa und

elisa lächelte und herr w lächelte wie

wars noch letzte schicht herr w nicht
mehr so viel konnte pünktlich gehen
sorry dass ich so früh abgehauen bin
herr w musstest den ganzen kram alleine
aufräumen überhaupt kein problem und
elisa lächelte und herr w versuchte sein
gerötetes gesicht zu verbergen indem er
sich umsah australien also ja ich freu
mich wahnsinnig herr w werd ein jahr
nur am strand rumliegen sorry muss kurz
in den service ne kollegin is krank
geworden und herr w erinnerte sich wie
seine idole einst an der bar lehnten
versuchte dem ideal dieser erinnerung
gerecht zu werden und herr w erinnerte
sich wie erbost er in jungen jahren war
sah er ältere männer die mit weitaus

jüngeren frauen flirteten und herr w
erinnerte sich an den genauen wortlaut
so werde ich nie werden dennoch
lächelte er nachsichtig ist alles ok herr w
was meinst du du guckst so komisch und
machst so leichte kopfbewegungen als
würdest du mit jemandem sprechen oh
das is weird oder bisschen ist so ne
angewohnheit wenn ich aufgeregt bin
warum bist du denn aufgeregt herr w
glaub deinetwegen und elisa lächelte
betrachtete ihre sneakers und herr w
lächelte betrachtete seine cowboystiefel
sorry herr w ich muss weitermachen klar
elisa hey ich wünsch dir noch ne gute
schicht und die zeit deines lebens danke
herr w schön dass du hier warst alles

gute elisa du bist wunderschön und elisa
lächelte und herr w sprach mit dem mond
dem vollen du solltest dich nicht auf
jemanden wie mich einlassen was willst
du deinen eltern sagen deinen freunden
du solltest dir irgend nen jungen wilden
gutaussehenden typen suchen mit ihm
das geld seiner eltern verschwenden ich
bin ein verlierer ich sag das nur sehr
ungern aber es ist wahr du bist kein loser
weißt du warum ich mir da so sicher bin
ich würde mich nie mit einem loser
abgeben das ist lieb von dir ich liebe
frau b nicht ich liebe dich elisa aber ich
brauche zeit für mich muss entziehen ab
morgen sie sind nicht sie selbst herr w
gehen sie nach hause raum drei mein

raum raum drei mein zuhause weit weg
von raum dreiundzwanzig dort sind die
bösen buben frauen haben die geraden
nummern raum sechs ist schräg
gegenüber die frau aus raum sechs
schräg gegenüber riecht gut verweigert
die nahrungsaufnahme und die kleinen
fliegen können sie gut leiden letzte
woche hat sich eine kleine fliege nach
raum drei verirrt sie verendete auf
meinem handrücken liegt seitdem auf
meiner bettkante in raum drei riecht es
jetzt wie in raum sechs schräg
gegenüber die fenster aller räume lassen
sich nur ankippen damit man sich nicht
versehentlich zu tode stürzen kann die
frau aus raum sechs schräg gegenüber ist

sehr klug noch eine weile und sie passt
durch den schmalen fensterspalt dann
wird sie sich versehentlich zu tode
stürzen nach hause laufen oder
versuchen nach hause zu laufen und
fragte sie warum liegst du so abseits
sagte ich weil ich denke frauen wollen
typen die gut aussehen ne große
wohnung haben ein teures auto fahren
und sich mindestens dreimal im jahr
urlaub leisten ich kann dir nichts davon
bieten dann sie rückte näher umarmte
mich sagte wir sind ja nicht für immer
zusammen konnten uns immer noch nicht
entscheiden möse oder arsch und ich
streichelte ihren nacken bis sie
eingeschlafen war erzählte vom typen

der sich seinen

dreiundzwanzigzentimeterschwanz

abschnitt ihn zu einem pfeil anspitzte

damit auf die straße rannte auf leute

einstach bis typ und schwanz

letztendlich blutleer kollabierten sie

wollte schwanger werden sagte mein

menschenkörper wird langsam faulig

wollte schwanger werden aber nicht von

mir das war nicht weiter schlimm so

fickten wir einander täglich als wärs das

letzte mal und sie sagte stets ich geh

jetzt weg für immer bye konnte sich nicht

entscheiden bleiben oder gehn und ich

so isses weil ich gut ficken kann und sie

so nein idiot und meine hand auf ihrem

unterbauch oder meine hände oder sie

so hatte nen weirden traum irgend nen
typ wollte mich abstechen mit nem penis
mit nem sehr langen penis hatte die form
eines pfeils ok arsch aber vorsichtig dont
be sad keine liebesschwüre mehr alle
hoffnungen und träume dieser und
folgender welten verglüht dann ich fühle
mich unbedeutend beim anblick
tapezierter menschen ergötze mich am
duft tapezierter blumen verliere mich in
den tiefen tapezierter wälder ertrinke in
den weiten tapezierter ozeane und mein
schatten fühlt in sonnenstunden ich
vermute er hätte es nicht nötig mir zu
folgen und spreche ich von zukunftsangst
und leere sorge ich für dunkelheit folge
seinem klagelied werde ihn finden mich

ihm aussetzen bis er meine nähe leid ist
vielleicht lasst euch nicht davon abhalten
löcher zu graben werft mich zu den
meinen und zerschneidet mein gesicht
ich finde einen ausweg und berichte ich
euch davon wer ich bin nickt ihr eifrig
mit den köpfen ersinnt die
unumgängliche möglichkeit des
ultimativen weltuntergangs nur die
nachwehen von schmerz und reue
geprägter gedanken sind so gnädig mich
ständig mit ihrer anwesenheit zu ehren
hey mann wir verachten dich nicht ich
weiß danke euch dann ne flasche später
im way too old ya know yeah why dont
you go where you fucking belong to beat
it take a hike piss off und so sehr ich mich

auch mühe weiterzugehen ich werde

mein ziel doch nie erreichen der

schweißgeruch meiner vorhaben der

faulige gestank meiner tränen unter

volllast blut das wie syphilitische pisse

zäh aus jeder pore meines

abgestandenen körpers drängt und eine

sterblichkeit die es kaum erwarten kann

mich ins gedärm zu ficken während ich

an meiner lebenslust ersticke völlige

dunkelheit ich strebe nach dem besten

nur vermute stets das schlimmste blicke

nicht nach vorne blicke nicht zurück lehrt

mich dinge von denen ihr nichts ahnt

versichert mir das unvollkommene ich

kann es kaum erwarten zu berichten nur

von mir aus dem off das blut des

herrschers es färbt den regen den
gefrorenen in der ferne explosionen die
erde bebt musst nicht erfrieren jetzt steh
auf soldat beweg dich schwaches licht
aus dem off das blut des herrschers es
tänzelt auf des messers schneide wir
werden gnadenlos ertrinken wenn der
morgen taut er ist fort ist wohl gegangen
was sollen wir nur tun leget nieder euer
schwert lasset fallen eure waffen der
herrscher er ist fort kannst du mal bitte
die scheiße ausmachen vom
ungebändigten verlangen nach
akzeptanz oder kekse tee morgens und
sie kaufte eine blumenvase stellte sie ins
fenster nutzte sie als aschenbecher
rauchte eine zigarette oder versuchte es

sah dann aus dem fenster sah auf die
straße zitterte sah mich an rauchte sah
wieder aus dem fenster betrachtete die
bäume sah wieder mich an rauchte
mittags kekse tee eine berührung oder
eine entschuldigung nicht die zu sein die
ich ihrer meinung nach verdient hätte ihr
trockener mund meine rissigen lippen sie
war zu schwach sich selbst ein tampon
einzuführen sagte danke dann spürte
ihre blase kaum sagte entschuldigung ich
sehe niemanden höre niemanden oder
begleite mich noch eine weile und ich
träume doch nicht wahr oder atme ein
atme aus bis du nicht mehr an mich
denkst abends die begrenzte zeitspanne
nutzen die es mir gestattet sex zu haben

ihr volles haupthaar ihre feinen
gesichtszüge ihr sanftes wesen ihr
ebenmäßiger teint ihre kaputten zähne
mein schlechter atem ihre scheiße
wegwischen ihre scheiße ihr blut
wegwischen ihr blut ihr urin wegwischen
ihren urin auf den tod derer die uns lieb
sind auf die reinheit nicht ausformulierter
bedürfnisse auf die macht unerhörter
gedanken auf die unvernunft auf neid
missgunst mord und totschlag auf
mehrere millarden unbekannte tote und
deren ahnen auf zu viel zeit zum
nachdenken auf abgetrennte
gliedmaßen auf die scheiße auf die
schuld anderer auf defekte
sicherheitsverschlüsse defekte bremsen

auf die lüge auf das was wir vermuten

auf das was wir nicht wahrhaben wollen

auf den selbstmord auf den schorf selbst

zugefügter wunden der uns nährt fühlen

wir uns einsam auf die leere auf die

rachsucht ewig unterdrückter auf den

unsinn auf den schmerz auf die angst auf

mutter theresas vagina auf den hungertot

auf die hämhorroide auf die analfissur

auf dich auf mich auf uns auf alles auf

nichts ich gebe klein bei atme kaum sehe

nichts fühle mich der ewigkeit verbunden

erbreche zärtlichkeiten bis du zu mir

zurückkehrst dann ihr schweigen

durchbricht meinen magen mein gedärm

haftet sich an rückgrat oder schädelwand

fickt mein gehirn dann nulldiät ich zehre

nur noch von momenten in denen wir die
worte für immer mißbrauchten kann nur
erahnen wie sehr wir einander
verabscheuen bin kurzzeitig davon
überzeugt nur menschen die man
zwangsläufig als übergriffig
charakterisiert sind in der lage worte wie
für immer dauerhaft in ihren
sprachgebrauch aufzunehmen werde mir
der schwachsinnigkeit dieser überlegung
bewusst lächle verspreche mir selbst dich
nicht zu beachten sollte ich dich zufällig
auf der straße treffen weil zitat anfang
das leben ja weiter geht zitat ende und
wieder ich nähere mich dir sage hey wie
gehts und du schweigst drei türen weiter
den gang runter dann tageslicht und ich

glaube dich erkannt zu haben

entschuldigen sie bitte essen schnell

trinken schnell verweilen einen

augenblick nur einen weiter gehen

wandeln unter dem regen der sonne

entgegen vielleicht gebückt dankbar

wozu ein messer mein herz ist längst

gebrochen oder die idee einbetoniert zu

sein vom augenblick der geburt bis zum

moment des todes aufbauen schänden

zerstören buße tun artgerechte haltung

und ich glaube dich erkannt zu haben

entschuldigen sie bitte benimmst dich

merkwürdig erinnerst du dich aus dem

fenster sehen erinnere dich oberste

etage klinken putzen türen öffnen

untergehen langsam deine worte ne

bessere frau nen besseren job ein
schnelleres motorrad längere kürzere
hellere dunklere haare besser leben
nachhaltiger leben und scheiß auf
nachfolgende generationen ein haus
mindestens ne villa ein schloss eine insel
der mond oder alle anderen
bemitleidenswerten planeten vih mit ner
spiegelscherbe in die brust geritzt
spiegelverkehrt krebs in all seinen
variationen und alle anderen
krankheiten oder infektionen unheilbar
heilbar bewegte bilder zu tode gevögelt
re run re run größer kleiner mutterficker
vatermörder duftwasser
verwesungsgeruch sell buy gutes wetter
schlechtes wetter artensterben leise laut

grau der unendlichkeit die augen aus
dem schädel reißen es versuchen das
geräusch glühenden tabaks der sich in
die unterarme brennt dann ne
chesterfield drogen alkohol
vergewaltigung einvernehmlich
uneigennützig etwas erreichen
irgendetwas my life is better than yours
und kinderhände mit gebrochenen
fingerknöcheln klammern sich an werte
nachfolgender generationen nur
mittelmaß erzielt durchschlagende
erfolge der klang deiner stimme wirst du
gefickt der klang deiner stimme fickst du
alter egos auf hochglanz poliert samstag
nachmittags massensterben staatlich
gefördert dehumanise

sportveranstaltungen arenen bitte

vergessen sie nicht mich positiv zu

bewerten hitler ghandi jede bewegung

erzeugt eine gegenbewegung

vergänglichkeit ist das problem der

anderen mehr macht tödlichere waffen

mordende krüppel too many puppys die

andere wange hinhalten opfer scheiß

opfer ich posierte sie vor dem

badezimmerspiegel spürte ich sie war

mein und sagte ich ganz schön fett bist

du geworden lachte sie antwortete du

blöder wichser oder wir aßen von

herzförmigen tellern tranken aus

herzförmigen tassen respektierten

einander nicht schafften es dennoch ein

jahr lang auf weniger als

fünfundzwanzig quadratmetern zu

existieren sagten feiern gehn suchten wir

verzweifelt nach möglichkeiten unsere

alkoholsucht zu befriedigen ihre eltern

setzten sie auf die straße nachdem sie

mein alter herausfanden oder meinen

beruf und sagte ich wie geht es dir

antwortete sie ganz gut und ging ich

arbeiten saß sie auf meinem bett winkte

wir fühlten uns sicher ein halbes jahr

vielleicht fühlten uns missverstanden

dann vernachlässigten einander

vernachlässigten uns selbst oder jede

umarmung eine rechtfertigung für unsere

emotionale trägheit sie sagte oft ich

wünschte du wärst mensch genug mich

zu verprügeln so würde ich dich

wenigstens noch spüren ab und an ich
hörte von paaren die sich in therapie
begaben um die unvermeidliche
trennung abzuwenden wir soffen weiter
verloren einander aus den augen
inmitten glücklich und zufrieden
wirkender menschen die nachbarn
drohten damit die polizei zu rufen sollte
ich nicht aufhören mein mobiliar durch
das geschlossene fenster zu werfen und
ich saß ne weile auf dem fußboden
berührte das einfallende sonnenlicht
welches die wände eines raums erhellte
den wir zusammen auswählten in dessen
schutzwällen wir einander liebten
hassten wieder liebten bleibt man lange
genug allein ist man nicht mehr in der

lage die gesichtsausdrücke
verschiedener menschen voneinander zu
unterscheiden sie wirken alle gleich ein
alter mann warnte mich einst vor dieser
erkenntnis dann kannste die auch gleich
darum bitten dich zu erschießen und er
zeigte mir die wunde etwas unterhalb
seines linken schlüsselbeins glatter
durchschuss sogar dafür sind die zu blöd
ich schlief ein paar tage auf dem
fußboden als die rückenschmerzen
unerträglich wurden kaufte ich mir ein
neues bett oder sie lag unbequem drehte
sich auf den rücken sprach von atomarer
bedrohung ich erwähnte bela lugosi sie
sprach nicht mehr von atomarer
bedrohung ging alleine aus ich fühlte

mich zu alt dafür träumte dann sie würde
vor mir sitzen meinen von müdigkeit
zerfurchten lidschlag nachahmen und ich
erwachte blinzelte sie öffnete die
eingangstür stürzte ins badezimmer
würgte zwischen badewanne und toilette
und ich sagte das macht nichts hätte sie
mehrmals täglich auf den fußboden
geschissen wäre sie nicht weniger
anbetungswürdig gewesen weißt du ich
nehm diese tabletten die sind
wahrscheinlich dafür verantwortlich dass
ich nicht rausgehe um leute zu
verprügeln grundlos natürlich die sind
wahrscheinlich auch dafür verantwortlich
dass ich überhaupt noch am leben bin
um dich umarmen zu können ich sagte

derartiges oft war sie nüchtern

wahrscheinlich klang es dann weniger

überzeugend und sie sagte bei meinem

opa haben sich an den fußsohlen so

warzen gebildet werden immer größer

kann kaum noch gehen der arme und

letzte woche ist er aufs gesicht gefallen

jetzt bekommt er valium damit er keine

angst mehr hat vorm sterben oder

irgendwann wirst du den preis bezahlen

für deinen lebensstil und ich zwinkerte

und die sonne ging unter und ich

blinzelte und die sonne ging auf sie

hatte ne schwäche für schwarzweißfilme

und erwachte sie morgens sagte sie ich

hab geträumt von dir in farbe du hast

innerlich geblutet und die bösen waren

schön frisiert und die guten waren schön

frisiert sagten du bist der typ der so

klamotten trägt wie die jungs in diesen

frühen gus van sant filmen und ich sagte

könnte schlimmer sein bin nich

beschaffungskriminell bin nich obdachlos

seh nich wirklich scheiße aus oder das

problem mit den kometen ist dass sie in

kleine stücke zerbrechen wenn sie in die

erdatmosphäre eintreten so richten sie

keinen größeren schaden an und sie

erzählte mir vom kleinen prinzen sagte

schau deine hosen sehn genauso aus und

deine haare und ich zertrümmerte den

stuhl den einzigen nagelte die

einzelteile ans fenster zertrümmerte das

bett das einzige nagelte die einzelteile

ans fenster lächelte sagte dann jetzt bist

du sicher und wir sahen

schwarzweißfilme mit langen

überblendungen unbekannten

darstellern deren worte lange

nachhallten das problem mit der höhe

dieses stockwerks ist dass es nicht hoch

genug ist oder wind seven zero one

eight knots present whereabouts

unknown und ich umarmte sie mischte

beruhigungsmittel mit billigem alkohol

und sie sah mich an ahmte meinen von

müdigkeit zerfurchten lidschlag nach und

ich erwachte blinzelte dann tatsächlich

die idee ewigwährender erniedrigung

und sie flüstert kennst du die geschichte

vom typen der aus dem fenster springt

sagt wird schon gutgehen ich bin der

luftwiderstand gegen den es

anzukämpfen gilt ich schmeichle deiner

haut erkälte dich und sie öffnet das linke

fenster nur geht in die knie bläst schluckt

küsst vier dann erinnerungen mindestens

die farbe des himmels leuchtet nicht

sekundenweise oder die kosmische

expansionsrate ist deutlich größer als die

wahrscheinlichkeit dich zu überleben

und ich werde lernen schmerzen zu

empfinden zitat anfang denn nur wer

schmerz empfindet ist bereit die

tragweite eines gedankens wie liebe zu

begreifen zitat ende ich bin fertig mit

euch rosengärten baumalleen oder dem

geruch von sommerasphalt nach kurzen

regenschauern haarmuskeln meiner haut

oder urinstinkten euch hatte ich nie viel

zu berichten drei und sie tänzelt

streichelt und ich messe ihre zuneigung

in kilometern pro stunde oder sie presst

ihren atem in meine kleine

menschenseele ich bin die

fleischgewordene reproduktionswut

meiner eltern das verlängerte

schwanzstück des ödipus oder lenny

mcleans rechter haken in der visage

seines vaters zwei du bist ein guter junge

auf die knie auf die knie oder was willst

du dagegen unternehmen und ich

täusche ohnmacht vor etwas mehr als ein

feiner charakterzug der mich mein

restliches leben begleiten wird ich

kämpfe nicht mehr gegen dich an
versprochen und ich sehe dich ein letztes
mal vielleicht und sie schließt fürsorglich
das fenster wird schon gutgehen eins und
meinetwegen erkälte mich vorhang der
typ aus dem fünften starb an geplatzten
speiseröhrenkrampfadern lag zwei
wochen tot in seiner wohnung sauferei
und so sein tot dauerte wohl ein paar
stunden er konnte nicht schreien
aufgrund des blutes konnte sich nicht
bewegen schock oder weil er zu
besoffen war oder beides die
hausbewohner wurden sich darüber nie
einig und der gammelgeruch verzog sich
und die wohnung wurde renoviert eine
junge hübsche frau mietete die wohnung

zu jung für mich zu hübsch für mich ein

paar jahre später hat sie unreine haut

und einen fetten arsch auch sie wird

lange genug leben um all ihre

hoffnungen und träume sterben zu sehen

als ich jung war sagte man mir die welt

gehört dir junge nimm sie dir keine

ahnung was man mir damit sagen wollte

dann weihnachten dann das telefon ein

typ den ich nie leiden konnte er will nen

kurzfilm drehen seine freundin hätte ihn

verlassen darüber will er jetzt nen

kurzfilm drehen alles schon angemietet

licht kamera super drehbuch

oscarchancen du so als sidekick

verstehste und ich sage klar warum nich

obwohl ich weiß dass er sich nie wieder

melden wird und da ich nicht wusste was
geschehen würde sollten alle bars dieser
qualvoll verendenden stadt ihre
anziehungskraft auf mich verlieren übte
ich mich in gleichgültigkeit teilte
belanglose gedanken belangloser
individuen machte mich auf die eine zu
suchen die eine zu finden verirrte mich
in der stille zwanghafter gewohnheiten
und die wucht meines spiegelbildes
schneidet rechteckige musterketten in die
falten meiner stirn ich kannte menschen
die sich wünschten jemand würde ihnen
eine flasche im gesicht zertrümmern
damit jeder sehen konnte was sie
durchmachten einst dachte man
schwermut sei die ursache von zu dickem

blut und ich überdosiere blutverdünner
und der gute wille dahinter sie werden
ihn gegen mich verwenden dont act like
you dont know hältst dich allein denkst
es ist das beste für dich wer bist du denn
und die straßen menschenleer und ihre
hände suchten vergeblich halt und ihre
füße dann weiter manchmal möchte ich
nur sitzen in ner ecke beweinen meine
selbstmordende existenz beweinen
meinen durst nach schmerz ich zeigte
reue zitierte byron oder sie verschwand
aus meinen träumen vereinnahmte den
größten teil einer von stillem zorn
geprägten realität sie war meine
geliebte oder ich war ihr geliebter wir
wurden uns darüber nie wirklich einig

sie hatte es nicht nötig auf cool zu
machen und sagte sie nimm dich selber
nicht so ernst drohte ich mit suizidaler
kommunikation oder kaufte motorräder
deren unterhalt ich mir nicht leisten
konnte und diverse medien propagierten
stille der schriftzug fick dich auf meiner
linken brust war kaum noch sichtbar
obwohl ich mich mühte tief zu schneiden
und obwohl ich mich mühte verzweifelt
zu wirken bescheinigte sie mir ein langes
erfülltes leben familie hund und ich
suchte nach ner wohnung in ner anderen
stadt drei zimmer küche bad ein
schlafzimmer für die frau der ich ewige
liebe ewige treue schwor ein
schlafzimmer für mich ein zimmer in dem

wir gemeinsam speisen uns keines blickes
würdigen und letztendlich das
badezimmer in das wir uns nacheinander
zurückziehen rekapitulieren bereuen
dann die kinderfrage und ich spiele cool
und sie weint in der küche und ich weine
im badezimmer sagte sie was glaubst du
wie wird unsere zukunft aussehen
antwortete ich irgendwann werden wir
beide sehr traurig sein und ging sie mit
ihren freundinnen aus stellte ich ihr nach
sie war eine dieser frauen die es nicht
nötig hatten zu flirten trotzdem hatte ich
das gefühl sämtliche götter und der
verdammte rest der welt verspürten das
übermächtige bedürfnis sie vögeln zu
wollen und ehe die gegenwart sich

meines zerschundenen körpers entledigt

nähere ich mich meiner geliebten und

sie freut sich nicht mich zu sehen und ich

freue mich nicht sie zu sehen und doch

umarmen wir einander sagen endlich

empfinden nur noch so viel füreinander

um uns gegenseitig verabscheuen zu

können wagen uns manchmal tagelang

nicht aus unseren schlafräumen ihre

angewiderte visage meine angewiderte

visage tagtäglich angewidert von allem

und jedem versalzen kalt mach den

scheiß apparat aus beim essen und ich

sehne mich nach momenten in denen mir

bewusst wird was ich an ihr hatte sollte

sie vor mir sterben dann worte

abgestanden erfunden ihr zu gefallen

handlungen ersonnen um hoffnungen
und träume gefügig zu machen platz
schaffen für ängste mehr raum für stille
dann das gefühl alles gesagt zu haben
wissend nicht in der lage zu sein den
lärm ihrer verschwiegenheit länger
ertragen zu können und die schatten
unerfüllter träume ziehen anmutig ihre
kreise und ich verweile in den fugen
regennasser pflastersteine schreibt lieder
über rebellionen aufstände dunkle
synthetische hymnen über inszenierte
märtyrertode schreit fuck you i wont do
what you tell me was bleibt ist eine
gesellschaft die in reproduktionen billig
gefertigter flanellhemden an reservierten
tischen sitzt ersinnt geschichten über

aufständische unbeugsame was bleibt
sind autobiografien oder sie entsprach
dem ideal meiner hauptschullehrer sagte
du hast kein selbstwertgefühl woher auch
dennoch war ich bereit mich in den
weiten ihrer hoffnungen und träume zu
verlieren wir gehörten beide zu der
sorte mensch die beinahe gutaussehend
war ansehnlich genug einander
bedingungslos zu wollen stolz genug
einander gehen zu lassen sollte sich
etwas besseres ergeben was nie
passierte dann ich zündete ne kerze an
sonntag dann montag als wir uns
kennenlernten machte ich auf unnahbar
drehte mich zur seite betrachtete sie
durch das verdreckte fenster der

straßenbahn und in ihrem gesicht ein
sehnsuchtslächeln du lügst dem tod in die
unendlichkeitsfresse und sie küsste mich
auf dass ich mein verficktes maul halten
würde fass mich an berühr mich dort küss
mich da hin oder der rhythmus des
gegen die jalousie prasselnden regens
und ein klarer gedanke der mit jeglichem
emotionalem diktat bricht you know its
not about being to young to die its all
about getting older wirst du hallo sagen
sollten wir einander zufällig treffen
wahrscheinlich nicht aber ich werde
dabei an dich denken versprochen und
irgendjemand wird mich fragen alles in
ordnung mit dir oder bei ihnen und ich
sage natürlich denke fick dich wo warst

du denn so lange komm doch rein hast
du hunger hast du durst ist dir kalt komm
doch rein ist alles in ordnung bist du
traurig was ist denn passiert setz dich
doch hin nicht da besser da gut siehst du
aus wie geht es dir was machst du so
fühlst du dich wohl möchtest du kaffee
möchtest du tee kannst dir gerne nehmen
bist ja hier zu hause und was gibts neues
ich mach dir tee möchtest du tee deine
schuhe sind ganz schmutzig ich hab
geputzt weißt du ich geb dir hausschuhe
deine jacke häng ich in den schrank ich
mach dir kaffee möchtest du kaffee ich
hab noch was zu essen übrig möchtest du
was dünn bist du geworden mundgeruch
hast du auch magst nicht zähne putzen

deine hose ist ganz dreckig dreckig und
zerrissen zieh sie aus ich hab geputzt
weißt du ich wasche und flicke sie und
dein hemd stinkt auch gib her ich wasche
und bügle es hast ja gar keine socken an
ist dir nicht kalt hast dich gewaschen da
unten ich schon schau alles sauber da
unten vorne und hinten und riecht gut da
riech möchtest du dich auch waschen da
unten vorne und hinten warte ich machs
für dich schön rauswaschen den käs los
jetzt rein ins loch dann bekommst du was
gutes zu essen so ists richtig so ists gut
und deine haare viel zu lang soll ich sie
dir schneiden so und so und so das sieht
schon besser aus ja das tut gut die
bewahre ich auf rasier mich dann und

kleb sie um die mös herum und deine

ohren so schön klein abschneiden

abschneiden so ists gut und deine nase

so schön klein abschneiden abschneiden

ja so ists gut und deine augen so schön

ausschneiden ausschneiden oh ja das tut

gut und die finger deiner hände und die

zehen deiner füß so schön so klein und

alles mein gehst nicht mehr weg oder ich

vermutete wie so oft ein jähes ende

schön das wir uns kennen gelernt haben

ich liebe dich verreck doch und meine

schritte wurden langsamer träger oder

das diktat der schwerkraft bereitete mich

auf ein leben in ewiger dunkelheit vor

dann ich datete ältere frauen das heißt

frauen meines alters redeten über die

unumgängliche präsenz der stille

erzählten von gescheiterten

langzeitbeziehungen mit gescheiterten

männern oder frauen und ich betrachtete

ihre zerschunden körper zerschunden

von der anstrengung endlich glücklich zu

sein und ihre wohnungen sahen aus wie

meine wohnung rochen wie meine

wohnung manchmal wachte ich auf

dachte ich bin in meiner wohnung sagte

besser du gehst jetzt ich möchte allein

sein und mir war plötzlich klar warum

großvater sich zu tode soff und die stille

in meinem kopf übertönt die bedrohliche

präsenz stummer schreie oder das

rauschen unterdrückter emotionen

geleitet mich durch sämtliche

niederungen einer von schwachsinnigen initiierten existenz die ich nicht länger anerkenne dann ich ersinne worte die den phrasen unmöglich verloren beenden sehr ähnlich sind vermeide schulterblicke in momenten geistiger umnachtung fliehe vor der unumgänglichen tatsache ich werde mich selbst finden weiß wozu ich fähig ist und ich kaufte sich ne droge erfühlte sich ein wenig kälter und die liebe meines lebens wusste nicht von meiner existenz würgte todesmelodien die mich an meine eigene sterblichkeit erinnerten dann ich kaufte mir verdreckte stiefel um zu gehen wann immer ich wollte blieb doch sitzen nickte ein träumte von makelloser schönheit oder davon was eine gesellschaft die sich

der scheiße verpflichtet fühlt als makellos

definiert sprach ich werde da sein solltest

du erwachen schweißgebadet nachts

oder tagelang werde deinen nacken

streicheln dann auf dass du versichert

sein kannst nicht allein zu sein und ich

kaufte mir löchrige hosen um der zu sein

von dem man sprach in stillen sätzen

stellte mich taub hoffte auf ne sanfte

hurenstimme sprach dann zu mir selbst

spuckte töne nur die großen behielt den

rest dann nur für mich und ich kaufte ne

verschlissene jacke um nicht zu frieren

erfühlte mich ein wenig kälter und allein

dann wieder ruhe ein paar jahre dann

fragebögen schallschutztüren

strahlenschutzglas weiße räume die in

neonlicht ertrinken weiße menschen

deren verfallsdatum längst überschritten

scheint braune schreibtische lichtbilder

glücklich wirkender individuen

aktenzeichen und die gewissheit deine

tage sind gezählt oder du bist ein

problem einschleichen beige träume

weiße mäuse stundenlange diskussionen

über die einhaltung der zwangsläufigkeit

bei rechtwinklig angeordneten

häuserzeilen die in rechtwinklig

angeordneten städten einer

rechtwinkligen welt irgendwo zwischen

rechtwinklig angeordneten universen zu

staub zerfallen dann muskelzucken

ausgelöst durch lebensbejahende

erwartungshaltungen die mut zu neuem

kaum dulden oder gläser halbvoll an

denen ich ertrinke dann ich fing wieder

an zu saufen wurde gesprächig für ne

stunde oder zwei und der schöne himmel

und das leben oder so dann blickte ich

zurück war weniger verzweifelt als sonst

ich stark unabhängig aufrichtig

kompatibel bullshit und die stimmen

jener die mir wohlgesonnen drohten mit

ewiger verbundenheit und ich erhebe

mich gehe laufe renne bis ich erwache

erwache trinke und das timbre hehrer

ziele prügelt eifrig gefälligkeiten in die

aura meiner sehnsucht dann samstag

morgens aderlass strangulieren ein

messer in den unterbauch denken wie

alle anderen fühlen wie alle anderen
weh mir weh mir die treppe hinab auf
die straße in die menge run for cover
kassandras schicksal oder die geschichte
vom jungen der sein lachen verkaufte
mich freuen auf den tag an dem mir
schriftlich bestätigt wird dass ich
überflüssig bin zu nichts zu gebrauchen
war mich freuen auf momente in denen
mir bewusst wird ich hätte bei dir bleiben
sollen fucking god dann sonntag morgens
es gibt keinen grund aufzustehen dann
montag morgens es gibt keinen grund
aufzustehen dann dienstag morgens es
gibt keinen grund aufzustehen und ich
stelle mich einer armee von fragen auf
die ich keine antworten habe sage ja

genau spreche hastig jeder atemzug
lehrt mich vom leiden jener die lange
schon vergessen sind ich habe es
versäumt mich aufzusparen für den
schmerz der mir noch droht bleibe
einfach liegen soll die gegenwart mich
richten indem sie mir erinnerungen in
den rachen stopft damit ich auch
zukünftig daran ersticken werde sssshhhh
blasen war günstig und ich summte die
shaggs spritzte bei heroes sagte ihr
rechtzeitig bescheid oder helden waren
nicht en vogue zumindest keine
männlichen sie bedankte sich mit andere
sind nicht so rücksichtsvoll ich bezahlte
ihr frühstück folgte den lockrufen meiner
tränen legte mich schlafen sssshhhh

spürte mich trotzdem nicht dann der
regen hatte nachgelassen tröstete ich
mich mit dem gedanken future is a sad
goodbye führte den zeigefinger meiner
linken hand an meine lippen und die
notwendigkeit atmen zu müssen um
sterben zu dürfen wandelte sich zu einer
erhabenen geste sssshhhh oder ich
verkannte die notwendigkeit einzigartig
zu sein tats wie die vögel kreischte
würgte schluckte würgte schluckte
kreischte was macht dein loch is besser
juckt nich mehr so liebst du mich nein
wie sehr nicht sehr an guten tagen das
heißt wenn sie nicht ständig weinen
musste also sonntags fuhren wir dann um
nen see fickten in nem waldstück oder

versuchten es hielten uns fern von

anderen badegästen oder die sich von

uns wir beinahe sediert oder die und sie

erzählte mir von ihren träumen sprach

davon wie schön es sein könnte wäre ich

der mann ihrer träume und ich sagte

schon schau wie schön die bäume als ich

ihr zum ersten mal begegnete kämmte

sie ihr haar rezitierte auf meine frage

wie denn ihr name sei ganze passagen

aus mary shelleys frankenstein hatte

alsbald angst vor dauerhaft mongoloidem

aussehen verzichtete auf drogen oder

alkohol rauchte dann nicht mehr

vermutete irgendwann durch eine

wesentlich jüngere version ihres typs

ersetzt zu werden schnürte ihren über

die jahre träge gewordenen körper in

korsetts wähnte sich dennoch in

sicherheit hatte ständig das gefühl

begehrt zu sein sprach voll güte zu sich

selbst kam nur dann mit anderen in

konflikt wenn sie die inhaber

verschiedener cafes belehrte wie

toilettenpapier und seife angeordnet zu

sein hätten konsultierte spezialisten und

die spezialisten diagnostizierten

entfernten ihr den uterus dann sprach sie

von möglichkeiten sich einer gesellschaft

zu bemächtigen die fortschritt durch

technik propagierte verspürte das

dringende bedürfnis menschen die ihre

hilfe nicht benötigten irgendwie zu

helfen engagierte sich politisch

demonstrierte gegen belange deren

bedeutungslosigkeit sie durchaus

erahnen konnte war nur dann befriedigt

erzählte ich ihr geschichten in denen wir

des lebens noch nicht müde waren doch

die furcht vor einsamkeit die uns beide

stets erschütterte war lange zeit stärker

als der mut zu gehen und ihre vermutung

auf jeden fall berechtigt ich bin das

endprodukt auf wut getrimmter sehnsucht

füge mich dem kleinen lebensmut never

you mind oder wohin starren sie denn

küsste ich großmutter auf die wange

zitierte sie artaud kroch unter die

veranda starb nur der rosenduft ihrer

gesichtscreme überlebte mahnt zur

nachsicht bang bang die ausgebleichten

straßen meiner kindheit bang bang die
blassen farben meiner angstträume rot
und blau oder think positive nur ein
schluck nur ein kleiner schluck es ist
schon lange nach sechs brauchst dir
keine sorgen zu machen stell dir vor du
trinkst wasser bist du ne pussy bist du ne
pussy dann verhalte dich auch nicht wie
eine nur ein schluck es ist doch ganz
einfach du wäschst dich rasierst dich
ziehst dich an die kleidung sauber das
haar gekämmt dann gehst du rüber in
den laden kaufst dir ne flasche dann kauf
eben ne billige nur eine musst ja nicht
alles auf einmal wegsaufen nur ein
schluck machst dir nen schönen abend
guckst alte filme rauchst noch ein paar

zigaretten echte zigaretten kannst gleich

welche mitbringen na schön

meinetwegen gehst du eben so wie du

bist komm es ist schon lange nach sechs

wovor hast du eigentlich angst das ist

doch sowas wie ne prüfung für dich du

deckst dich mit zigaretten und alkohol

ein stellst das zeug in den schrank

beachtest es gar nicht gehst ja auch

ständig an supermärkten vorbei sollen

die jetzt alle schließen nur weil du

denkst ein suchtproblem zu haben ein

schluck siehst du alles gut die wände der

kneipe waren ausstaffiert mit rotem

plüsch irgendein mädchen blutete aus

der nase sagte die pforten meiner

wahrnehmung sind ausstaffiert mit rotem

plüsch dann rannte sie auf die straße

brach zusammen machte ordentlich

theater als man sie festschnallte schrie

bitte nicht mit den straßenschuhen auf

den ledersessel ich hatte kopfschmerzen

vermutete gehirntumor die ärzte konnten

nichts finden und ich sah nen film in dem

der hauptdarsteller krebs am schwanz

hatte vermutete krebs an meinem

schwanz die ärztin konnte nichts finden

gab mir ihre nummer wir trafen uns in

nem cafe sie war sehr gut in form

erläuterte mir sämtliche vor und

nachteile dauerhafter haarentfernung

deutete zwischen ihre beine sagte da

unten auch lachte und n typ sang von

ner sonne als schwarzes loch welches

doch bitte den regen wegwaschen
möchte und die ärztin fragte was ist dein
lieblingslied und ich sagte me and my
almost beautiful girl und sie sagte den
kenn ich nicht sing mal me and my almost
beautiful girl together we face the rest of
the world but your room is so cold i can
barely speak und sie sagte den text
versteh ich nicht aber ich mag die
melodie weiter das parfüm mit der
herben note besser das parfüm mit der
herben note nur ein klein wenig hinter
die ohren die brust nachrasieren sauber
gleichmäßig hättest du gestern machen
sollen man wird an deiner geröteten
haut erkennen dass du dich noch schnell
rasiert hast deine haare nicht zu viel

haarspray du bist aufgestanden hast dich

im spiegel betrachtet und ganz zufällig

war die frisur bereits perfekt tageslicht

macht deine kopfhaut sichtbar dünne

haare zu dünne haare zu helles licht

macht deine kopfhaut sichtbar nimm dich

zusammen jetzt in ne ecke setzen in der

das licht nur sehr schwach leuchtet eine

liste machen mit restaurants in denen das

licht auch tagsüber stark gedimmt ist und

ich werde dasitzen vorgeben wahnsinnig

beschäftigt zu sein weiter mach die

dunkle jeans besser die dunkle jeans

zerrissen nicht zu eng die dunkle jeans

die hellen motorradstiefel und das hemd

zu zerknittert das hemd glätten jetzt und

sieh nicht die jungen mädchen an du bist

zu alt du bist zu alt hörst du weiter keine

ebenmäßige haut hattest du nie

pickelfresse unsympathisch und sei nicht

arrogant wenn dich eine anspricht lass es

zu du brauchst nähe kämpfe nicht

dagegen an deine zeit ist bald vorüber

noch einmal festhalten jemanden dann

einschlafen dann aufwachen in der

gleichen körperhaltung umarmen

jemanden wenn du traurig bist nimm dich

zusammen tief einatmen siehst gut aus

und erwarte nicht zu viel sie muss nicht

hübsch sein regenschirm wenn es dann

regnet kannst du den schirm aufspannen

sie hängt sich bei dir ein und so lächeln

nur ein wenig los ich mache gebrauch

von meinem recht darauf liegen zu

bleiben denke nicht daran auszuatmen

spüre dich nicht mehr und ich mache

gebrauch von meinem recht auf freiheit

denke nicht daran zu kämpfen ertrinke in

mit blut urin und scheiße gefluteten

schutzbunkern brandzerbombter städte

sinnvolle fokussiere mein oder du nein

bitte wie regen vergangener tage keine

zeit weiter vertrocknet meine hände

meine füße versiegt mein verlangen

lästig ich für dich gestorben du für mich

nie genug weiter stimmen gebrochen da

waren wir vor zehn zwölf jahren

erinnerst du dich nicht atmen atmen ich

ich nein bitte dann dann geh doch oder

bitte bleib vorwärts nächste seen it all

time is on my side auf gute nachbarschaft

go get him drip drop drip drop die

andere dennoch als versuchten wir

sinnlose oder wieviele unerhört ja es ist

kalt weiter sinne geschärft sitzen

gegangen entfernt mein schatten ist

wasserdicht tänzelt über morsche

nagelbretter meine gedanken sind

blickdicht versiegen mit dem licht des

tages bleibt zusammen irreparabel

schäden zu erwarten keine unser streben

nach anerkennung irrt durch die nacht

errichtet stille wände da waren wir vor

drei vier jahren erinnerst du dich nicht

dann cold turkey kreativpause oder die

unumgängliche präsenz eines

appartements das ihrem vater gehörte sie

schälte sich die haut von den

fingerknöcheln hatte angst sich selbst

nicht mehr zu spüren und umarmten wir

einander sang sie die erste strophe von

the nightingale weinte oder versuchte es

wäre ich ein wenig kälter würdest du

trauern denke schon und der

deckenventilator hielt ihr gewicht nicht

aus verrückte nutte ich vögle deinen

toten körper seh nach ob du noch

ejakulierst glaub mir ich tus und sie

lachte umarmte mich so sehr liebst du

dann erzählte sie mir eine geschichte

downtown manhattan ein wohlhabendes

amerikanisches mädchen und ihr

drogensüchtiger armer deutscher freund

saßen mit den irrsinnig reichen eltern

des mädchens beim mittagessen das

mädchen öffnete das fenster sprang

zwanzig stockwerke in die tiefe

überlebte nicht die eltern des mädchens

spendierten dem drogensüchtigen nen

flug nach hause one way die maschine

stürzte ab der typ überlebte verlor beide

beine verklagte die fluggesellschaft die

fluggesellschaft bezahlte der

drogensüchtige starb ziemlich

vermögend an ner überdosis keine

ahnung was sie mir damit sagen wollte

ich ritze deine initialen in die tagträume

welker hoffnung denn das streben nach

sinnloser gewalt ist die einzige

möglichkeit erhört zu werden in einer

welt voll schmerz und beileid und ich

finde gefallen an mir selbst fühle mich

unbedeutend in deiner nähe wir zu dank

verpflichtet sitze dann auf beigen stühlen

umgeben von beigen blicken beiger

menschen die beige nahrung zu sich

nehmen beige sätze aus beigen wörtern

bilden schreite dann auf beigen straßen

im schatten beiger häuser betrachte

meist den beigen himmel und aus beigen

wolken fällt dann beiger regen oder ich

atme beigen sauerstoff verweile kurz auf

beigem gras im schatten beiger bäume

träume dann in beige von meiner beigen

kindheit ein beiges haus in einer beigen

nachbarschaft die an der notwendigkeit

beiger bedürfnisse zugrunde geht in

beigen gotteshäusern frömmelt dann in

beigen kisten ruht von einer beigen

ewigkeit träumt im namen ihrer beigen

götter beige seele beiges herz manche

menschen verbringen die erste hälfte

ihres lebens damit in schlafräumen viel

zu großer häuser liebe und reichtum zu

erhoffen bezeichnen sich selbst als opfer

widriger umstände versuchen dann

verzweifelt mit ihrer umwelt in kontakt

zu treten schreiben bücher über opfer

widriger umstände oder versuchen es

schreiben bücher von denen nie jemand

erfahren wird sitzen tagsüber in cafes

abends dann in bars erwecken stets den

eindruck sehr begehrt zu sein oder zu

beschäftigt und ihre blicke stumm und

ihre schreie die zweite hälfte widmen sie

dann den gefühlen jener menschen die

sich für den rest ihres lebens anhören
müssen wie glücklich sie sich schätzen
dürfen unbedeutend und ersetzbar zu
sein du interessierst komm her überwinde
dich wirst erhört bleibst unvergessen
berühre mich versuche es sie sprach oft
vom einfach weg sein oder tot sein ihre
blase war stets entzündet und ich wusch
mir oft die hände dann oder sie sagte ich
kann nicht länger mit dir zusammen sein
bekomme angst wenn ich ans
älterwerden denke und dein gesicht
immer nur dein gesicht auch ihre angst
davor geliebt zu werden war
allgegenwärtig oder die hoffnung auf
nen frühen tod war für sie grund genug
morgens aufzustehen und sie versuchte

ihren geschwächten körper zu erheben

atmete schwer ausformulierte sätze wie

für immer will ich bestimmt nicht bei dir

bleiben und wieder ich erfühlte mich als

ungeliebtes kleinkind sagte nichts ging

zwei drei meter hinter ihr zählte ihre

schritte stellte mir vor wie schön es sein

könnte würde sie denken und fühlen wie

ich es gerne hätte dabei machten wir

nichts falsch fühlten uns zueinander

hingezogen in augenblicken

vollkommener innerer leere oder sie

sagte du entsprichst nicht annähernd

dem was ich mir erhofft hatte und die art

wie du hoffnungen und träume

propagierst wirkt abstoßend auf junge

menschen lass mich gehen lass mich raus

ich bereue stets die gleichen taten wage

es zu sprechen dann bestrafe mich selbst

mit den worten jener die zermalmt

werden unter der last ihrer aufgaben

oder vergilbte tränen die wie rostige

nägel in den äußeren winkeln meiner

lidränder verweilen darauf warten bis

wir uns begegnen und wir ohrfeigen

einander mit belanglosigkeiten ich

brauche dich ich liebe dich möchte

niemals ohne dich sein die

schmerzensschreie meines atems

berühren wir uns oder versuchen es die

unüberwindbare distanz liegen wir

nebeneinander auf stillen laken du

betrachtest mich oder etwas von dem du

denkst dass es dir gehört ich betrachte

dich oder etwas das ich mehr brauche als
alles andere der nachhall gutgemeinter
ratschläge der sich lautlos durch mein
unterbewusstsein frisst erstickt verreckt
wuchert bis mein veralteter körper von
eitrigen geschwüren bedeckt kurz vor
der ziellinie zusammenbricht beiseite
schaffen dich beiseite schaffen mich
weiter weltenkriege lagen weit zurück
zeitzeugen waren begehrt menschen die
schreckliches berichten aus eigener
erfahrung unvorstellbares selbst erlebt
massaker oder blutbäder wurden immer
seltener man musste menschen nicht
mehr persönlich begegnen um sie auf
ewig zu entstellen der gedanke an ihren
untergang reichte völlig aus manche

reagierten darauf mit weltenflucht
versuchten sich in umweltschutz zeugten
eifrig nachwuchs oder schuld die last all
jener die man nur vom hörensagen kennt
oder du strahlst freude aus verleugnest
jene die du glaubst lieben zu dürfen hast
ne wehmutsfresse dann betest weil du
glaubst glaubst weil du betest verendest
hast pech wirst in den gleichen
scheißhaufen hineingeboren als was
auch immer meckerst den ganzen tag
bellst oder gackerst hast das ungute
gefühl menschen die du verabscheust
könnte etwas gutes widerfahren hast das
ungute gefühl es fehlt dir an nichts hast
das ungute gefühl think positive gehst
einkaufen obwohl es dir an nichts fehlt

versuchst leise zu sprechen um nicht

aufzufallen du schwer verwundet

ersäufst in deinen eigenen

körperflüssigkeiten und keiner mehr

verstehst du alle gestorben für dich deine

welt deine regeln und du legst dich

schlafen bist ganz ruhig hast doch keine

andere wahl träumst den traum in dem

du überlebst wirst überlebt

zusammengefaltet abgeheftet ordentlich

oder wir ausscheiden unsre trauer in die

weiten einer von verlangen nach

zuneigung dominierten welt wähnen uns

in sicherheit halten einander fest

propagieren sanftmut das messer im

rücken ergießen zischlaute wie gehts dir

gut danke und dir auch gut danke

ich habe nicht den mut zu schweigen
und es ist nicht länger erforderlich
aufrecht zu gehen bless my ass dann
kriechen die letzten jahre wunde knie
wundes herz wurde aus versehen in
diese welt geschissen nur text ist es
wirklich erforderlich ist es wirklich
erforderlich text aufzusammeln all die
bruchstücke einer bemühung
aufzusammeln all die bruchstücke eines
kurzen lebens text eure zuneigung ist
doch nur das verzweifelte bemühen dem
tode zu entrinnen eure zuneigung ist
doch nur das verzweifelte bemühen dem
tode zu entfliehen spotlight ich trete ins
licht werde eins mit dem todesröcheln
unerfüllter sehnsüchte möchte gehen

lasst mich gehen habe genug gelitten
dann lachen beifall sunseeeeet
sunriiiiiise ah zukunft querdenkender
seher längst vergessener begebenheiten
ah is schwierig ganz schön altbacken
weißt du was ich meine is ganz schön
frankreich neunzehntes jahrhundert und
so ok weiter und nur die gegenwart hat
den mut den sterbenden die stirn zu
bieten ok interessant schenkt mir mehr
davon und in demut und reue ramme ich
der ewigkeit meinen schädel in den
rachen ok na ja dann die sonne geht auf
spotlight und bitte lehrt mich die kunst
des tötens warte lehrt mich die kunst des
tötens musst du etwas besser betonen du
willst ja jemanden umbringen das ist ja

ein dringendes bedürfnis also weiter und
ich biete meiner angebornen trauer die
stirn lieber angeborenen lehrt mich von
der kunst der liebe da auch wieder
besser betonen weil du willst ja
jemanden lieben oder geliebt werden ja
weiter lehrt mich von der kunst zu leben
da genauso aber eher lehrt mich die
kunst zu leben oder lehrt mich die kunst
des lebens vielleicht schauen wir später
nochmal genauer weiter bestie hochmut
bringe mich in sicherheit durchtrenne die
fäden die mich an irdischem binden und
behutsam erfühle ich der sehnsucht
massengräber erfühle ich der sehnsucht
massengräber ergibt für mich jetzt
keinen sinn was ist das denn ist glaub ich

auch grammatikalisch falsch oder lassen

wir einfach raus ok mal weiter nähret

mich mit körperflüssigkeiten besser nährt

sendet meinem unterbelichtetem gehirn

signale die mich drängen zu fühlen wie

ihr empfindet unterbelichtetem

unterbelichteten oder wie isses richtig

unterbelichtetem oder unterbelichteten

nein stimmt schon glaub ich

unterbelichtetem die mich dazu drängen

zu fühlen oder ok ja weiter die arme

dann langsam hochnehmen über den

letzten absatz sieh in meine augen sie

haben nicht das vermächtnis zu

begreifen was es bedeutet dich zu

erblicken das überdenken wir dann auch

nochmal ok stop mal geht so auch hier

sehr schwer sehr verquast bisschen
leichter bitte machs lustig aber dein
ausdruck is ganz gut wieviel noch o war
immer friedlich wollte raumfahrer
werden spritzte sich dann rauschgift
wurde arbeitslos hatte keine lust mehr
auf wen oder was auch immer und o der
kaufte sich ne sechzigliterflasche
ballongas in der hoffnung das verhältnis
helium sauerstoff würde seinen
vorstellungen dauerhafter
tiefenentspannung gerecht werden und o
der klebte sich ne plastiktüte an nen
schlauch kippte ein paar drinks rauchte
ein paar zigaretten stülpte sich die tüte
mit dem schlauch über den kopf öffnete
das flaschenventil die wucht der

explosion katapultierte ihn durch das
schaufenster eines reisebüros auf der
gegenüberliegenden straßenseite man
hatte ihm versehentlich propangas
verkauft und o der wirkte glücklich als sie
ihn aus dieser scheibe pflückten oder
man hatte ihr beigebracht menschliches
verhalten zu verabscheuen und sie sagte
ich rotze jeden morgen gegen den
badezimmerspiegel seit einem jahr und
ich sagte gehen wir lieber zu mir die
meiste zeit sprach sie von erkenntnis
irgendeiner flüsterte you dont scare me
oder ich weiß einfach nicht wie es mit
mir weiter gehen soll hab so furchtbare
angst dann der regen spülte dreck und
eingeweide von den straßen erzählten

wir uns von typen die zur falschen zeit
am falschen ort geboren wurden
umarmten einander tagelang ich möchte
drogen hast du drogen was denn völlig
egal irgendwas will high sein will
glücklich sein noch einmal dann sterben
nein bin clean hab nur kaffee kann man
das mit irgendwas stärker machen oder
alkohol hast du alkohol nein bin trocken
oder wir umarmten uns wieder dann
putzte ich ihren badezimmerspiegel
wechselte den wohnort und tag drei
wieder sonne die ewige kaum wolken
kaum menschen lebendige und abseits
gelegen der friedhof der ewige kaum
menschen lebendige und morgen regen
der ewige er wird mich finden er wird

mich reinigen und tag eins hast noch viel

vor kannst dich nicht ewig verkriechen

oder würdest du auf saubere kleidung

achten wärst du dennoch einer unter

vielen andere stadt diner innen nacht

bogey hatte seinen regenmantel

vergessen wurde so verdächtigt goddamit

ich weiß ich werde es nicht weit bringen

bin durchgefallen da der typ aus dem

einen film du weißt schon von dem einen

regisseur und chet baker der junge

mittags der alte nachts oder sämtliche

hoffnungen und träume längst

verstorbener unterspülen das deja vu

meiner existenzängste tag sechs meine

zitternde hand in ihrer unverschämten

möse irgendwann werde ich wieder in

der lage sein den schmerz
ungebändigter lust zu erfühlen auch
betrachte ich die welt die mich umrandet
durch matte spiegelflächen bedecke
momente stiller trauer mit glassplitter und
staub trauerfeiere meine lust am tode ich
zweiprozentischer fliehe vor dem lärm
ewiger stille seht mich sitzen in
erkaltetem gemäuer starren ich brauche
euch nicht bin mir dennoch nicht genug
dränge zu weit höherem habt ihr gehört
von jenen die gefallen sind sie waren mir
sehr ähnlich brachen zusammen unter
der last ihres blutes krochen ihrer
bestimmung hinterher output eins oh all
eure bemühungen input und tu wie dir
befohlen line one unter drohgebärden

output zwei verdunkelt die räume meidet
das licht sad heart sad heart fußnote und
eine träne drängte schwerstverletzt aus
meinem fahlen menschenkörper lag
tagelang verkrümmt zu meinen füßen
ätzte ne vertiefung ins parkett entpuppte
sich als greller fleck der meine ärmliche
behausung optisch aufwertete und ich
kaufte stacheldraht um zu markieren was
nur mir gehörte errichtete ein königreich
aus schmerz und trauer in dem nur
meine erinnerung zählte ich täter opfer
richter henker verurteile ich zu ewiger
trauer mit anschließender
sicherungsverwahrung bis ich zu mir
zurückfindet oder du zu mir zurückkehrst
und du weinst ich trockne deine tränen

und wir leben scheiß glücklich bis ans
ende unsrer abgefuckten tage bitte
einfügen im still alive dann vom hohn
und spott all jener die sich mühen den
faschismus der anderen zu bekämpfen
indem sie rassismus propagieren angefixt
durch den verwesungsgeruch einer
gesellschaft die den karren an die wand
fährt während sie vorträge über
sicherheit hält oder das ende meiner
existenz und der blutstrahl neuer monde
super danke liebe grüße kein klarer
gedanke kein klares ziel ich unrein
verhaltener applaus zeit totschlagen bis
ich sterbe yeaaaaahhhhh meine
selbstsucht wird mir immer einen schritt
voraus sein haaaaaahaaaaaahaaaaaaa

liiiiiiaaaaaaarrrrr liiiiiiaaaaarrrrrr tick

tick tick tick klarer gedanke klares ziel

tick tick tick geschärfte sinne tick tick tick

messerscharf tick tick einschneidendes

erlebnis tick tick tick tick er hörte dann

mit allem auf drogen alkohol

medikamente tabak koffein rotes fleisch

die dunkelbraune treppe

sechsundvierzig stufen altes holz altes

lasiertes holz großmutter großmutters

möbel später die grüne tür nicht die

weiße die weiße führt in den hinterhof

die grüne an der wand entlang der

weißen fühlen die weiße wand berühren

die weiße wand raufaser ich neun jahre

alt weinend im bett albtraum und so

entsichern nicht vergessen entsichern sie

werden rennen schreien sich gott
zuwenden im angesicht des todes
furchtbare schmerzen haben vielleicht
nicht zögern niemanden leiden lassen
oder du hast schmerzen meine sind viel
schlimmer nein kein psycho bullshit eine
saubere sache entsichern entsichert
durchatmen ganz einfach tür auf rein
säubern wieder raus keine zeugen keine
fehler durchatmen die eingangstür
brandschutz oder shitty jobs müll
rausbringen schlüssel nicht vergessen
sonst einmal um den block durchatmen
tür auf go go go go oder der alte der mir
ohne ersichtlichen grund seine geballte
faust ins gesicht rammte ich reagierte wie
immer sagte nichts blickte auf den boden

ging weiter heute würde ich anders

reagieren heute reagiere ich anders

oder die alte die mich als nazidrecksau

beschimpfte aufgrund meiner kurzen

haare oder schule wichser wertloses

stück scheiße opfer schwuchtel idiot und

all die mädchen die ich nie

kennenlernen durfte die mich nicht

kennenlernen wollten die ich nicht in

meinen armen halten durfte die ich nie

in meinen armen halten werde nie blut

der boden blut linoleum

neunzehnhundert siebziger jahre filme

mit menschen die ständig rauchen eine

rauchen runterkommen auf nummer

sicher gehen ersatzmagazin durchladen

und go go go go dann raus treppe runter

die weiße tür sie führt in den hinterhof

zu den mülltonnen den müll rausbringen

umweltschutz genau den müll

rausbringen umweltschutz verwahrloste

gesichter wirken weniger bedrohlich im

blau oder rot oder grün irgendwelcher

stehausschänke eine serviererin lehnt an

der bar sieht traurig aus wie du wie ich

sie ist zu jung um traurig auszusehen wie

du wie ich ein typ sitzt am straßenrand

stellt bilder aus soll das james dean sein

ja soll das marilyn monroe sein ja soll

das brando sein ja was kosten die so sind

eigentlich unverkäuflich aber wenn du

unbedingt willst dean nen hunni brando

und monroe jeweils siebzig alles selber

gemalt ich könnte meine bilder in

galerien ausstellen aber das will ich nicht bin ein underdog ich nehme dean und wie laufen die geschäfte so nich gut aber um drei uhr morgens sind ja auch nur noch besoffene oder andere idioten unterwegs kannste jetzt bitte weitergehn ich klemme dean unter meinen arm dean sieht kränklich aus wie du wie ich dean ist zu jung um kränklich auszusehen wie du wie ich dean ist zu jung um sterben zu können wie du wie ich und der morgen kündigt sich an und der morgen schert sich einen dreck um die nacht und seine verwahrlosten gesichter dean sieht scheiße aus ich meine wirklich scheiße das bild ist keinen cent wert ich werde es in die toilette hängen wach auf öffne deine augen kaffee aufsetzen warte

besser tee kein licht merkwürdig etwas

weiter links du kennst den weg hast die

letzten zwanzig jahre nichts anderes

gemacht oder einundzwanzig bin ich mit

jemandem nach hause gegangen mit

irgendjemandem vielleicht nein ich spüre

die präsenz meines schlafraumes

erinnere mich ihre wulstige scheide ihr

freundliches gesicht ist sie hier bist du

hier bist du hier merkwürdig mir ist als

hätte ich diese worte gestern erst

gesprochen gestern schwaches licht oder

den ganzen tag regen vorgestern oder

irgendwann meine stimme mein atem

meine schritte keinerlei

umgebungsgeräusche ein schalldichter

raum nein der raum er muss spärlich

möbliert sein natürlich dein zimmer dein

einziges zwei schritte nichts bist du hier

bist du hier drei weitere schritte ich

müsste direkt vor meiner wohnungstür

stehen müsste sie eigentlich berühren

nichts vier schritte wieder nichts ich bin

nicht in meinem schlafraum denk nach

gestern oder vorgestern oder

irgendwann ihre stimme eine anhäufung

bourgeoiser floskeln ihr freundliches

lächeln antworte bitte bist du hier hallo

sag doch etwas hallo beruhige dich geh

zurück zu deinem bett einfach rückwärts

gehen neun oder zehn schritte rückwärts

gehen nichts das kann nicht sein in die

hocke taste dich voran der boden laminat

womöglich natürlich dein boden ein
schritt nach links nichts ein schritt nach
hinten nichts zwei schritte nach vorne
nichts habe ich mich doch weiter von
meinem bett entfernt als ich dachte hallo
ist da jemand bleib ruhig konzentriere
dich ich bin in einem dunklen raum ich
habe keine ahnung wie groß der raum
ist ich bin allein nein nein ich bin in
meinem zimmer ich muss in meinem
zimmer sein steh auf taste dich vorwärts
geh langsam aber geh der raum kann
nicht unendlich groß sein geh schließe
deine augen natürlich ich träume ich
träume nur und wenn ich erwache wird
sie da sein wird mich trösten ihr
liebevolles lächeln alles wird so sein wie

gestern oder vorgestern alles wird
wieder so sein wie es irgendwann einmal
war p wurde clean und ihr atem roch
nicht mehr nach scheiße und sie sprach
nicht mehr in palindromen sagte gar
nichts wochenlang dann es riecht nach
herbst schon überall dann womöglich
wieder im vollen besitz ihrer
emotionalen intelligenz stillstand
stillstand weiter stillstand weiter stillstand
morgens mittags nachmittags abends
nachts und das gefühl ersticken zu
müssen an der notwendigkeit morgens zu
erwachen dann ungleichmäßige
bewegungen logische abhandlungen
unter zwang erlernter manierismen wie
kann ich zerbrechen an der last des

atems liegt die welt mir doch zu füßen

fuck me und ich bin mensch genug den

verstand zu verlieren bin mensch genug

an den konsequenzen hehrer ziele zu

ersticken und da ich mein leben als

scherbenhaufen erfühlte auf den ich

volltrunken onanierte verschwendete

ich keinen gedanken daran aufzustehen

erträumte mir die gefühlswelten

psychisch instabiler sagte dann eines

tages wird alles besser für dich werden

vermutete das schlimmste und sie trinkt

whiskey singt loblieder auf englands

architektur benutzt wörter wie

suboptimal in ihren augen ein letzter

hoffnungsschimmer kaum erkennbar die

feingliedrigen finger ihrer schlecht

durchblutenden hände an die
tischkannte geklammert es kostet sie
unmengen an energie einen gedanken
zu fassen ihn auszusprechen ich
wünschte ich verspürte das dringende
bedürfnis sie vögeln zu wollen wünschte
ich empfände kein mitleid für sie
wünschte ich wäre besoffen dasitzen
zuhören das maul halten so kriegst du sie
alle großvater hatte recht ich betrachte
meinen alten geröteten schädel im
spiegel troubled mind is nur dann cool
wenn du jung bist und gut aussiehst wirst
du alt oder hast dus irgendwie geschafft
alt zu werden unterscheidet dich nur
noch die auswahl deiner kleidungsstücke
vom penner an der nächsten straßenecke

sie starrt mich an was is ich hab dich
gefragt wie du das machst altwerden und
positive ausstrahlung du findest ich hab
ne positive ausstrahlung total du strahlst
zuversicht aus ich trinke nicht mehr
vielleicht deshalb sie schließt die augen
neigt ihren kopf zur seite tippt mit den
fingern auf der tischplatte summt ich
frage mich ob sie tampons oder binden
benutzt versuche zu riechen ob sie ihre
tage hat was ist das für ein parfüm real
passion wie findest dus interessant darf
ich bitte die rechnung bezahlen sie
bejaht nimmt den bewirtungsbeleg an
sich draußen werden wir einander
umarmen ich werde sie fest umarmen
obwohl ich sie nicht mag weit weg sein

wenn sie mich fragt ob ich mit zu ihr
komme weit weg sein wenn sie mich fickt
weit weg sein wenn sie morgens erwacht
weit weg sein ich trauere mit euch
ausgeburten nachfolgender
generationen habe selbst versucht der
zerstörungswut einer von krankheit
dominierten gesellschaft zu entfliehen
dann vier meter meinetwegen und der
blutstrahl der sonne relativiert jeglichen
beweggrund eines gedanken der spuren
des lichts zu seinem ständigen begleiter
degradiert oder der geschmack ihrer
zuneigung fickt mein gesicht dann ich
tröste mich mit dem gedanken eigentlich
geht es mir gut weiß es doch besser a
cabin in the woods thats all i ever prayed

for diktat das kabel der stehlampe die in
lumen gemessene zuneigung der
glühbirne ichdichauchichdichauch und
die in sanfter schwermut zersetzte
erinnerung an längst vergessene
sommernachmittage wird mir ewiglich
den atem rauben i can see you meine
überlebenswut aneinanderreiht hehre
ziele reminder atmen und ich erwache
ertaste einen letzten rest dunkelheit
atme dann falle stürze und ihr messer in
meinem schädel eine woche erst eine
woche noch danach besserung so sagten
sie und ich erinnere mich wie ich als
kleinkind oft schluchzte der
aufmerksamkeit willens oder aus trotz
presse luft aus meinen lungen presse

letzte luftreste aus meinen lungen sauber

arbeiten oder du musst wissen was du

warum tust so sagten sie und ich fühle

diese hände sind nicht die meinen

spreche dieser körper ist kein teil von mir

dann licht und ich starre in die erkalteten

augen meiner unbedeutenden existenz

dieses drecksloch ist dein untergang so

sagten sie dann einatmen kurz heftig

stoßweise einatmen dann mich selbst

davon überzeugen hier passiere etwas

ganz und gar unbegreifliches und ich

liege auf den böden ihrer badezimmer

denke an ihren gott spreche mit ihrem

gott beten musst du so sagten sie spalte

ein stück holz und ich bin da hebe einen

stein auf und du wirst mich finden so

sagten sie und ich ziehe ihr messer aus

meinem schädel ramme das messer in

ihre schranktüren warte ramme das

messer in ihre tischplatten warte kratze

dreck und kieselsteine aus dem profil

ihrer straßenschuhe warte krieche ihre

flure entlang krieche durch ihre

treppenhäuser vorbei an ihren

hoffnungen und träumen oder lifestyles

spreche dieser körper ist ein teil von mir

und ich fühle diese hände sind die

meinen eine woche noch dann

besserung dann leben dankbar muss man

sein so sagten sie dont like what i see

und ich schließe meine augen träume

von liebe als möglichkeit all jene

abzustrafen die mich achten verschwinde

in dunklen wolkenfeldern falle mit dem
regen dont like what i hear und ich öffne
meine augen träume von vergeltung als
möglichkeit für immer zu verschwinden
mein verlangen nach sehnsucht gleicht
deiner gier nach zuneigung und ich
zeichne deine umrisse in den dreck
meiner fensterscheiben weiß du sprichst
nicht mehr weiß du denkst dabei an mich
ich spüre dich kaum noch fühle mich
deiner rachsucht verbunden meide
deine blicke spreche über dunkelheit
meine doch gebrochenes licht will dir
keinen schaden zufügen schließe für
immer meine augen oder die
vermeintliche intimität flüchtiger
berührungen der klang unsrer worte

eigenartig seltsam vertraut wir haben uns
verändert halten aneinander fest es sei
zum besten denn unsre blicke diese
korrupten schweine diese ausgeburten
bourgeoiser niedertracht sie ergötzen
sich an unsrem leid es ist zu spät um
wegzulaufen ich wüsste nicht wohin
klare ziele erörtern nur das wesentliche
ich nehme keine abkürzungen oder i did
it my way hast du nicht dont you ever
smile ich fürchte wir werden einander
nicht entkommen und meine gedanken
kontaminiert und emotionen an denen
ich teilhaben darf in kontaminierten
häuserschluchten und sie übergibt sich
küsst meine kontaminierten lippen
berührt mein kontaminiertes gesicht

lächelt nicht setzt sich zu mir dann

kontaminierte worte ausformulieren

kontaminierte sätze in denen wir nicht

länger existiert vierneunundneunzig nur

für kurze zeit ich sitze an reich

gedeckten tafeln esse nicht ertrinke in

den mauern dieser stadt verschwinde mit

den schatten stiller tage denke an

momente in denen mich dein sanftes

lächeln vor dem untergang bewahrte

anerkenne diesen zustand weiß doch

nicht wie mir geschieht er kennt nur ein

ziel rache oder sie machen es wie die

tiere bauen sich ein nest ich bin gesund

so stehts geschrieben kann nicht umhin

diesen zustand anzuerkennen gebrunzt

hast du doch alles vollgebrunzt als ich

dich gefickt hab schreiben sie doch was schönes nag nag nag mein toter bruder mann ich will verfickt nochmal wissen wo mein toter bruder ist four three two one drifting falling nevertheless wir sehen uns nie wieder yeah i reckon vor ein paar jahren hatte ich maden mein damaliger freund arbeitete als leichenwäscher fickte leichen wohl hat zumindest mein frauenarzt behauptet hab dann mit ihm schluss gemacht also mit meinem freund dem leichenficker mit meinem frauenarzt hatte ich aber auch was wir sahen einen film aus japan der hauptdarsteller war ein harter kerl hatte gesichtszuckungen und sie sagte hast du so zuckungen so leicht mit dem kopf oder und so leicht um den mund schon oder ja

ich war in afghanistan ist ne

posttraumatische belastungsstörung hab

ein paar leute erschossen nach zwei drei

wochen fingen die zuckungen an und sie

so nee oder krass und ich so kein scheiß

und der regen der gefror sie schlief sehr

ruhig zu ruhig manchmal prüfte ich ihren

atem mit meiner kalten hand spürte ihren

atem kaum sie war mir sehr ähnlich wir

warfen in jungen jahren alles mögliche

an drogen ein soffen vögelten durch die

gegend zwanzig jahre später dann

psychosen depression allein gebrochen

und ich weckte sie sagte hör mal wir sind

uns viel zu ähnlich ich brauche fröhliche

menschen in meiner nähe bin mir selbst

problem genug verstehst du und sie

flüsterte dann hau doch ab und ich ging

nach draußen rutschte aus fiel hart

rutschte die straße runter erinnerte mich

welchen spaß es mir als kind bereitete

eisglatte straßen runter zu rutschen

lachte dennoch nicht dachte an

afghanistan obwohl ich nie da war auch

wenn ich mich deines namens nicht

entsinne rufe ich dich manchmal nachts

zu hilfe könntest retten was die andren

seele nennen könntest wahren schönen

schein bist zu modern und abgewandt

unterliegst dem diktat zerbrochener

träume fügst dich ganz dem willen

deiner sehnsucht oder glück der lange

beschwerliche weg in die abgründe

unerfüllter sehnsüchte von denen ich

einen nicht unerheblichen anteil

morgens und abends in den abfluss

würge damit ich ihrer nicht überdrüssig

werde dann ich beuge mich deiner

gleichgültigkeit betrachte die welt durch

sicherheitsglas ergründe die wesenszüge

deines atems opfere letzte reste

etwaigem selbstwertgefühls antworte

dennoch mit nein und die fallsucht einer

idee die liebe und respekt nicht

vollständig ignoriert schneidet fahle

schatten in die fratzen träger mauern nur

gaslicht schmeichelt meiner vorstellung

von gerechtigkeit denn auch die flamme

erahnt die nichtigkeit ihrer eigenen

existenz züngelt das ewige lied von

staub und asche populäre ideen

populärer gedanken ich bin kleiner als

oder populäre gefühle eines lebens in

furcht und angst du bist weniger als dann

das telefon zweihundert cash für eine

stunde tschechische produktion alle über

achtzehn hast du zeit klar don don fragte

immer hast du zeit obwohl er genau

wusste dass ich nichts besseres zu tun

hatte das gefiel mir don war groß und

fett ein gutmütiger alter bär mit getönter

brille und erstklassigen kontakten oder

ich so hey don wie gehts und er so du

hast den job das synchronstudio befand

sich im keller eines nagelstudios das

nagelstudio gehörte e e war mitte fünfzig

hatte alles schon gesehen zumindest

bemühte sie sich so zu wirken hey
schöner mann mit sexy stimme wann liest
du mir mal ne gutenachtgeschichte vor
bald e bald der job war einfach ich
musste schmatzgeräusche produzieren
mit der zunge mit den händen hatte drei
sätze na du kleine ficknutte und bist du
fickrig und oh ja spritz in mich rein die
blassen laien mühten sich nicht in die
kamera zu gucken mühten sich erregt zu
wirken und ich überlegte zum flughafen
zu fahren mir ein last minute ticket zu
kaufen portugal oder südfrankreich fuhr
dann zum flughafen kaufte tabak und
alkohol das gute zeug und don meldete
sich ein paar tage später war mit meiner
arbeit sehr zufrieden danke don bis bald

wage es dich zu verkriechen unter

spärlichen häuserzeilen und überrasche

mich mit deiner anwesenheit

schindmähre also schindmähre also nein

drecksvieh altes vielleicht oder ja weiter

hund ja siehste hund alleine reicht

streich die schindmähre einfach setz dich

zu mir an den herd na ja an den herd

setzen macht man ja auch nicht mehr

streichen bitte erzähle mir vom scheitern

jener die mir wohlgesonnen stimme an

das klagelied von verlust und schmerz ja

klagelied hatten wir auch schon mal

irgendwo vorsicht mit wiederholungen

wenn zu oft nicht gut ich hab jetzt schon

ein paar gehört dankbar muss man sein

auch musst du nochmal schauen musst du

nochmal drüberlesen wohl wissend hab
ich auch irgendwo gelesen würde ich
vermeiden das machen eher leute die
gebildet sein wollen hast du ja nicht
nötig ok weiter die freude am leben sei
unser ständiger begleiter man gab mir
einen namen und doch ich kann mich
nicht erinnern wer ich bin eher und doch
kann ich mich nicht erinnern wer ich bin
sonst isses zu prätentiös weiter ich im
vakuum meiner emotionalen intelligenz
erhebe mein haupt nur um zu suchen
nicht zu finden und das grelle licht der
dämmerung zeichnet traurige gestalten
in die schatten kalter mauern gefällt aber
mauer schatten fratzen gibts glaub ich
auch schon mal wo vorsicht weiter hast

dich weise entschieden mätze
possenreißer ja also mätze oder
possenreißer versteht wahrscheinlich
keiner mehr sag blödes arschloch oder
vollidiot was man heute eben so sagt
wenn man sauer is weiter wirst nie mehr
einsam sein ich spreche nicht vom kriege
mehr er hat mir erhoffte freuden nicht
gebracht hat dich wohl reich gemacht
feigling nichtsnutz nichtsnutz geht
gerade noch so durch is aber auch schon
eher veraltet ja weiter eine hyäne musst
du wohl sein geifernd lauernd nur zu
beweg dich seitwärts bestie verschlagene
so komm doch endlich nein natürlich
nicht auch ich bin dir nur diener nur zu
amüsiere mich hmm also den letzten

absatz da kannst du richtig viel spannung
reinbringen ja langsam aufbauen na ja
ansonsten mittelalterlich eklektisch bist
noch auf der suche gell bisschen
moderner vielleicht aber wird schon
mehr licht bitte ok dann weiter nicht
schlucken man sieht an der bewegung
deines adamsapfels dass du schluckst
play it cool leg deine linke hand auf das
lenkrad die rechte hand ruht weiterhin
auf deinem oberschenkel keine
hektischen bewegungen play it cool sie
behandelt dich wie ein stück scheiße will
nur gefickt werden interessiert sich einen
dreck für deine gefühle sie weint sie
weint wieder deinetwegen ich weine
nicht ich weine nicht ihretwegen sieh

durch die windschutzscheibe sag
irgendwas wie wir wussten doch beide
dass es so kommen würde oder besser
weine nicht ja das ist besser dann denkt
sie bestimmt dass sie dir noch was
bedeutet sag einfach gar nichts sitz
einfach da sieh durch die
windschutzscheibe und halts maul sie
schluchzt nicht mehr ihre nase läuft gib
ihr ein taschentuch das könnte sie falsch
verstehen egal sie rotzt die sitze voll
jetzt lächelt sie wieder bleib hart ein
fleck auf deiner hose ihr fleck auf deiner
hose das wird alles sein was von ihr
bleibt eine süßsaure rotweiße melange
abgesondert von ihren scheidenwänden
sie spielt mit dir lass dich nicht

einwickeln sag ich muss jetzt fahren muss

morgen früh raus glaubt sie dir doch

nicht schläfst doch immer bis mittags

wenn du sie jetzt berührst ist es wieder

um dich geschehen alles beginnt von

neuem sie spielt mit dir mann kapier

doch endlich komm her leise sein den

hats erwischt die tasse auf die untertasse

stellen langsam lautlos nichts verschütten

jede bewegung ein biomechanisches

meisterwerk bauchspeicheldrüse

geschieht ihm recht weil er immer so

böse war gerade sitzen den kopf gerade

nur dann sprechen wenn ich gefragt

werde da können wir nicht mithalten die

sind etwas besseres ach was seine frau

und seine kinder hat er immer verprügelt

nur noch dann sprechen wenn ich
gefragt werde aber dann sprechen
abarbeiten meine lebensspanne
freundlich wirken sympathisch wirken ein
arschloch weniger nicht nein sagen
immer ja sagen hat zum schluß nur noch
vierzig kilo gewogen hat ihm sein
ganzes geld nichts geholfen immer brav
sein aufmerksam zuhören mit
geschlossenem mund kauen mich
unterordnen everyone in this room is
your friend everyone in this room is now
happier dankbar muss man sein nicht
bewegen wenn du dich bewegst stirbst
du und nicht die nerven verlieren wenn
du die nerven verlierst bist du tot weiter
da rüber hinsetzen die augen schließen

mach keine dummheiten gleichmäßig

weiter atmen es gibt keinen grund die

nerven zu verlieren denk an etwas

angenehmes denk an etwas angenehmes

das licht im flur du könntest es

ausschalten du könntest es entweder

ausschalten oder so lange warten bis die

glühbirne kaputt geht warten besser

warten nicht bewegen die augen

geöffnet halten zwing dich selbst dazu

notfalls mit gewalt du bist erledigt hast

du verstanden du wirst deine wohnung

nie mehr verlassen versuch es gar nicht

erst denk an etwas angenehmes erinnere

dich ich will bei dir bleiben genau ich

will bei dir bleiben das waren ihre worte

und ich will mich nicht von jemandem

abhängig machen das waren deine

worte und wieder sie aber ich brauche

dich doch und wieder du besser du gehst

jetzt an etwas angenehmes denken

versuche es notfalls mit gewalt was soll

ich nur machen denk nach hast alle zeit

der welt meine sicht der dinge

wiederaufbereitet sehnsucht und ich

spucke töne keine großen wandle auf

den spuren bedeutungsloser leere

bewege mich schritt vor schritt

kreisförmig dich zu finden dein atem

glänzt im dunkeln überredet mich zu

bleiben du weit weg sitz gerade kau mit

geschlossenem mund heb die füße beim

gehen oder guck nicht so und ich

beginne sätze mit als ich in deinem alter

war sssshit gut ich wollte dich sowieso
nicht konnte dich nie ausstehen besser
mir war einfach langweilig konnte nichts
besseres finden doch deine
gedankenwelt ist farbenreich bebildert
kein ort für nachtmahre oder diebe und
ich kaufte ihr blumen war davon
überzeugt lächerlich zu wirken sagte
sorry aber hey und versuchte ich ihre
hand zu halten hustete sie sagte
entschuldige bin erkältet und sie so mega
oder scheiß und ich so kausal betrachtet
oder in der tat und wurden ihre
schmerzen unerträglich sahen wir
traurige filme hörten traurige musik hey
mann ich blute lass mich in ruhe lass
mich leiden oder machs fenster zu dann

ich schrieb über schatten oder licht
wieder einer tot ausm fenster gefallen
oder zerquetscht oder überfahren warum
auch nicht honey ich fühle mich
einigermaßen sicher nimm deine
verschissenen hände von mir nein bleib
ich kann mir die menschen in meiner
umgebung nicht mehr aussuchen dann
sie kramte nen rostigen holzschlitten
hervor zieh mich damit die hauptstraße
entlang los weißt du noch als wir jung
waren oder glücklich und ich zog sie die
haupstraße entlang hochsommer dreißig
grad im schatten und irgendwelche
typen in dicken autos drohten mir die
fresse einzuschlagen und ich so fick dich
und die so fick dich und sie so fick dich

wir waren auch glücklich das wars dann

gehst oft in den regen ist schon gut so

schmeichle deinem teint hast du die

anderen gesehn wirkst oft verbittert meist

nervös siehst nicht gut aus nur zu mach

einfach weiter irgendetwas denn gar

nichts machen viele und viele sind wie

ich das wars dann keine tränen keine

großen worte vielleicht machs gut

wenn überhaupt keine gedankenspiele

die davon handeln was gewesen wäre

wenn und die erkenntnis ich brauche

dich so sehr schlechter atem nur nichts

weiter das wars dann keine tränen keine

großen worte die straßen wieder grau

und all die häuser und alles grün der

bäume wir sind einander lange her keine

versöhnlichkeiten alles gut vielleicht
wenn überhaupt wir sehn uns auf der
gegenüberliegenden straßenseite in
gedanken ganz woanders du noch so
viel vor ich angekommen als teenager
bewunderst du jemanden von dem du
denkst der ist unerreichbar nur um
sicherzustellen dass es einen ort gibt an
den du dich zurückziehen kannst ein ort
frei von raum und zeit wo nur deine sicht
der dinge zählt ein ort an dem nur deine
meinung gewertschätzt wird ein ort an
dem du respektiert wirst ein paar jahre
später nennen sie dich erwachsen dann
hast du ausgelernt hast immer noch keine
ahnung von was auch immer vermutest
lässt den rest der welt in jeder sekunde

daran teilhaben dann mit

fünfundzwanzig rächst du dich an jenen

die dich jahre zuvor ignorierten indem

du ein bewusstsein dafür entwickelst

außergewöhnlich zu sein begibst dich in

situationen die tödlich für dich enden

könnten bleibst für den rest der welt

doch unsichtbar oder uninteressant lernst

dann jemanden kennen glaubst zu

wissen jemand denkt und fühlt genauso

wie du hast immer noch keine ahnung

von was auch immer und du erwachst

allein bist mitte dreißig hast familie oder

nicht hast fürchterliche kopfschmerzen

und deine wohnung sieht aus wie die

wohnung aller anderen und du kleidest

dich wie jeder andere und deine

ansichten sind absolut identisch mit
denen anderer dann mit ende vierzig
weißt du zumindest woher die
kopfschmerzen kommen und sie
verschreiben dir ne lesebrille und du
liest verstehst hast nervöse zuckungen
weil du verstehst wirst dein eigener
bester freund und besten freunden kann
man zu jeder zeit alles erzählen und mit
besten freunden kann man lachen über
was auch immer und es geht dir besser
wenn du liegst und du bleibst liegen
nächster laden ich träumte jemand
redete mir ein positiv denken zu müssen
wenn ich nach nem job suche sucht
irgendwo ein job nach mir dann neun
uhr morgens ich ging ne straße entlang

menschen rannten an mir vorbei ich war

mir nicht sicher ob sie auf dem weg zur

arbeit waren oder auf der flucht davor

das mädchen hinter der bar sah

blendend aus und ich dachte fuck sagte

hi sucht ihr zur zeit jemanden wie alt bist

du denn fünfundvierzig leider nein krise

und so ok warum ist es an solchen tagen

eigentlich immer bewölkt und kühl

unabhängig von der jahreszeit weiß

nicht vielleicht wird man als älterer

mensch doch sensibler ja vielleicht

trotzdem danke nächster laden oder die

stimmen meiner hauptschullehrer ich

habs gewusst ich habs ja immer gesagt

hab ichs nicht immer gesagt ich habs ja

gewusst der hintere bereich ist nur für

reservierungen wenn leute reinkommen
unbedingt hier bleiben wollen weil unser
restaurant so geil ist keine reservierung
haben dir viel geld bieten für nen
reservierten tisch an dem schon jemand
sitzt der reserviert hat schmeißt du die
leute raus die schon am tisch sitzen und
reserviert haben es sei denn die bieten
mehr geld dann schmeißt du die leute
raus die keine reservierung haben aber
unbedingt an nem reservierten tisch
sitzen wollen das geld kommt auf jeden
fall in den gemeinschaftsgeldbeutel na
dann auf bist nicht zum träumen hier
leere pflichten zugeneigt mit
freundlichen grüßen sitzen stehen
tragen liegen gut und böse einsam

furchtbar fruchtbar zeit verschwenden

denen die nicht zuhören von glanz und

schönheit berichten denjenigen die nicht

hinsehen den weg in die freiheit weisen

lichtbilder anfertigen von objekten ohne

jegliche bedeutung cheers cheers auf

uns auf uns morsche wände morsche

böden morsche stühle morsche menschen

morsche welt oder youre the apple of my

eye denken etwas aus mir machen

jemand werden dann jahre später bam

da sitzt sie bestellt kaffee oder tee schert

sich nen dreck um konventionen spielt

nicht die unschuld vom lande spielt

immer noch sehr gut berichtet von orten

oder zeiten berichtet auch von

emotionen die ich niemals verstehen

werde spielt nicht ich habe dich noch nie
gebraucht spielt immer noch sehr gut
know how abendprogramm gesellschaft
wissen wandelt sich zu einem übermaß
an fehlinformation erstaunlich ist die
hohe intensität mit der nachfolgende
generationen zukunft propagieren dabei
gleichzeitig menschenverachter zu ihren
anführern erwählen um
besitzstandsschutz zu betreiben damit
auch weiterhin die mär vom ideal einer
rettungswürdigen umwelt gespamt
werden kann ich rauchte eine zigarette
kaufte teuren rum rauchte eine zigarette
schenkte ein rauchte eine zigarette
nippte spuckte aus scheiß leben hi hi wie
gehts geht und du so passt sag mal wie

alt bist du eigentlich fünfundvierzig und
du siebzehn krass siehst viel älter aus ich
weiß und du siehst aus wie der typ aus
dem einen comic der mit den krallen
findest du ja schlimm nö irgendwie heiß
aber die hose geht gar nicht ficken weiß
nich na komm ok wir betrachteten
fotografien von menschen die an
mundhöhlenkrebs zugrunde gingen und
diese menschen lachten oder versuchten
es warnten vor den folgen des
tabakkonsums und ich stellte mir vor wie
bogie und bacall beide gezeichnet von
mundhöhlenkrebs smoking kills in die
kamera sprechen sagte stell dir vor bogie
und bacall schauen in die kamera und
warnen vor den folgen des tabakkonsums

und sie antwortete was ist bogie und
bacall setzte sich auf mein gesicht kam
ging sie schmeckte nach aluminium
benutzte intimdeo und ich überlegte
eine weile ob aluminiumhaltiges
intimdeo mundhöhlenkrebs verursachen
könnte fragte mich ob lauren bacall
intimdeo benutzte hey bogie hat lauren
eigentlich intimdeo benutzt son of a bitch
how the hell do i know zu viele worte
versuchen zu benennen stürzen in die
tiefe ungebraucht unerhört zu viele
blicke versuchen zu gefallen sehen
niemals tageslicht verschwinden dann im
dunkeln zu viele berührungen sind nur
letzte anstrengungen zu erkunden was
wir nicht erkennen fahr das licht n

bisschen runter gib mir noch nen kurzen
moment drink gerne schmerzen geht so
angst bisschen ich mach schnell
versprochen wie nett zigarette is nun
auch schon egal möchtest du noch
irgendetwas sagen ich möchte dir gerne
etwas erzählen ist ne schöne geschichte
dauert aber n bisschen länger machs
kurz manchmal erinnere ich mich an die
farbe ihrer haare denke an die farbe
ihrer augen berühre die farben ihrer
haut dann werde ich ruhiger stehe auf
gehe auf und ab setze mich wieder
antworte dem klang ihrer stimme sage ja
oder vielleicht sehe aus dem fenster
manchmal erwache ich nachts nicht
aufgrund eines bösen traums dann liege

ich still meist stunden warte und die

tatsache gegenwart so weit entfernt oder

ich erwache in einer zeit die der

jüngeren vergangenheit sehr ähnlich

war dachte später vielleicht oder einen

moment noch dann jetzt ist der beste

zeitpunkt und ich erwache gestern denke

morgen war der tag so schön und weit

betrachte ich den stillen regen oder

betrachtet stiller regen mich spreche ich

von grunderkrankung meine doch nur

müdigkeit und die zeit der ich mich zur

verfügung stelle versiegt im reich der

dunkelheit durchforste ich

gedankenschlieren eilig auf der suche

nach erlösung finde ich gefallen an der

freuden qual spreche wandle dich zum

besten auf dass die wunden schnell
verheiln wie können wir einander
glücklich machen wenn unser lächeln
nur entwaffnet könntens vielleicht doch
liebesfloskeln sein denken wir ein und
dasselbe sind wir uns der gefahr bewusst
dass wir einander opfern aufgrund von
nachsicht stolz und güte einigkeit die
unendlich kurze zeitspanne zwischen
morgengraun und tageslicht dies ist der
richtige moment für versprechen oder
beileidsbekundungen dies ist zur
falschen zeit am falschen ort dies ist kein
augenblick kein böser traum keine
illusion dies ist unser leben keine
warnung zelle eins ähnlich zelle vier the
long hot summer oder eine stimme die

mir permanent alles wird gut einzureden
versucht und ich dreh den
lautstärkeregler bis zum anschlag rufe
meinen namen kann mich nicht erinnern
wer ich bin also n krankenwagen im
moment sind alle leitungen belegt bitte
warten sie zwischenzeitlich bruchstücke
einer erinnerung aufgeteilt in wortzellen
benachbarter gedankenströme zelle
zwei well if you play your cards right
zelle drei nutcase fruitcake lowlife notruf
eins eins zwei ja hallo ich bin hier und
mir ist ganz komisch also ich weiß nicht
mehr wer ich bin nehmen sie
medikamente nein haben sie drogen
oder alkohol konsumiert nein was
verdorbenes gegessen nein ist ihnen

schlecht nein aber ich weiß nicht wie ich
hierher gekommen bin und ich kann mich
nicht erinnern wer ich bin wo sind sie
jetzt in irgendeiner wohnung brauchen
sie einen krankenwagen ich weiß nicht
ich habe angst verrückt zu werden
können sie atmen ja ich schicke ihnen
einen krankenwagen wo sind sie jetzt in
irgendeiner wohnung welche straße das
weiß ich nicht sie müssen mir natürlich
eine adresse nennen ansonsten wissen
die sanitäter ja nicht wo sie hinfahren
sollen ok ich finde raus wo ich bin und
ruf dann nochmal an zelle vier genau
wie zelle eins the long hot summer seems
to know what a flirt you are oder sie
verbrachte jahrzehnte damit den

anforderungen eines lebens unter zwang

gerecht zu werden wusch ihre hände

wusch ihre hände wusch ihre hände

fasste neuen lebensmut fügte sich den

rechten und pflichten einer generation

von kriegswaisen artikulierte sich in

explosivlauten sprach sehr leise sagte

dann ich habe keine andere wahl als

durchzuatmen lachte nicht lachte nicht

lachte nicht aus angst vor fältchen ich

verhielt mich meines alters entsprechend

versprach ihr nichts umklammerte ihre

hüfte sagte versprochen verlor die

kontrolle und überlegte sie mich zu

verlassen sagte ich warum bist du

konstant so andersartig suizidale

tendenzen eines gefühls dem die

bedeutung des wortes eigenart nicht

gänzlich fremd war was wird sein wir

präsentieren uns oder eine wage idee

davon was wir gerne wären werden

selbstsicher überheblich flüstern

sprechen rufen schreien um hilfe fallen

mit denen die wir ein leben lang

betrügen und unser flehen nach erlösung

eilt durch die stille seltsamer universen

macht sich auf den weg zurückzukehren

leistet uns gesellschaft dann und wir

würgen selbstlaute erklären uns

selbstredend sagen ja aber die anderen

in der hoffnung irgendwie

davonzukommen träumen weiter

manchmal wenn die last ihrer tränen

unerträglich wurde legten wir uns

schlafen erzählten einander von
menschen die wir als glücklich
klassifizierten menschen die lange schon
verstorben waren glücklicher nicht sein
konnten und sie bedankte sich für meine
anwesenheit weinte aus angst mich zu
verlieren sprach sprach hastig wirkte
doch gefasst schützte sich vor äußeren
einflüssen indem sie mich versehentlich
berührte entschuldigung macht nichts
oder berichtete ich von welten die
gerettet werden mussten meinte ich doch
nur meine eigene und ich verdunkelte
die fenster öffnete die jalousien nach
mitternacht oder als ich davon überzeugt
war das schlimmste überstanden zu
haben wurde ich mir meiner sterblichkeit

gewahr sprach mit eitrigen blicken
eitrige sätze die das wort glück
beinhalteten ausformulierte eitrige ideen
eitriger gedanken nahm anlauf stürzte
jahrelang oder zehn longdrinks später
wollte sie herausfinden wie es sich
anfühlt im kopfstand zu pinkeln wie soll
sichs schon anfühlen die soße läuft dir
über die titten ins gesicht in die haare
aufn boden lass es sein verdammt und sie
entkleidete sich machte nen kopfstand
pinkelte hatte ordentlich druck drauf fiel
dann um ihr urin spritzte gegen die
steckdose dann ein knall kein licht mehr
oder sie zündete ne kerze an sang hotel
california durchnässt von ihrer eigenen
pisse und sie entschuldigte sich nicht

sagte bist n alter spießer nen alter sack
bist du ich verlass dich gleich morgen
früh dann bin ich weg für immer und du
bist traurig und sie blieb weg für immer
und ich war traurig wischte wochen
später ihre pisse vom boden
benachrichtigte den vermieter und der
installationstyp sagte what the fuck
schraubte ne neue sicherung rein und
das licht im flur funktionierte nicht mehr
und ich sagte das licht im flur funktioniert
nicht mehr und er so weiß auch nich da
war der mond bereits gefallen und auch
das licht der wolken suchte deckung
kleidete sich in sturm und regen und
aller schmerz lag brach sprach in weisen
zyklen vom nichts und nimmermehr bitte

denkt für mich und sprecht anstelle

meiner sagt mir dann was ich zu tun

gedenke einverleibt mir synonyme bis

ich worthülsen erbreche fünf vor vier sie

sprach zu mir alle sechs wochen

artikulierte sich in normseiten ihr

überlebenswille erniedrigte sie

dermaßen dass sie sich genötigt sah mich

darum zu bitten ihre klitoris zu lecken

ich hatte gelernt befehle zu befolgen

nicht zu hinterfragen den harten typen

zu markieren und ich leckte und sie kam

sagte dann siehst du die bunten lichter

dort am ende der straße wie sie

versuchen der dunkelheit zu entfliehen

erzählte mir dann die geschichte ihrer

toten großmutter ein soldat nötigte sie

unter waffengewalt sich zu entkleiden
großmutter weigerte sich der soldat er
gehörte zu den bösen vergewaltigte
großmutter dann der soldat einer
anderen armee auch er gehörte zu den
bösen überwältigte den bösen tötete den
bösen vergewaltigte großmutter und
wieder ein anderer soldat er gehörte zu
den guten überwältigte den bösen tötete
den bösen vergewaltigte großmutter
nötigte sie unter waffengewalt sich
wieder anzuziehen großmutter weigerte
sich starb an inneren blutungen oder ner
gerissenen blase wurde nicht genauer
untersucht ihr sieben jahre alter sohn
versteckte sich unter dem dielenboden
berichtete sein leben lang der gute

soldat erhielt ne auszeichnung die bösen

auch posthum keine ahnung was sie mir

damit sagen wollte elliott smith mühte

sich zu unterhalten machte ssssssssssss

die harten burschen waren verunsichert

sprachen von ner fotzenrevolution

kauften schwere lederkleidung trauten

sich nicht diese anzuziehen aus angst

davor verprügelt zu werden von frauen

oder männern hörten dann was alle

hörten sagten easy oder safe und die

jungen mädchen warfen ihnen blicke zu

von denen sie nicht wussten wie sie

einzuordnen waren und die harten

burschen sagten lieber unter ner brücke

verrecken als deren leben führen

machten manche dann die übrigen

bekämpften körperliche schmerzen damit

filme aus den neunzehnsiebzigern zu

gucken sagten heute wird ja nur noch

scheiße produziert putzten ihre

wohnung für den fall dass sie jemanden

kennen lernen würden jemanden der

ihnen möglicherweise zuhört jemanden

der ihnen möglicherweise zustimmt

jemanden der möglicherweise dankbar

dafür ist ihnen untertan zu sein und sie

kauften hunde dann und katzen oder

vögel i dont really wanna know where

you live i dont even wanna know where

you come from i dont wanna know who

you fuck or how often i dont wanna know

what kind of music you like i dont wanna

meet your fuckin parents i dont wanna

hear your voice i dont give a fuckin shit
about any fucking god i do not care
about your problems do not send me
flowers i dont wanna know who died i
dont wanna know who inspired you the
most cause i dont give a fucking shit i
dont need your opinion i dont wanna
know who youre best friends with i dont
wanna know what you do for a living i
dont wanna know how much money you
got cause i dont need your fucking
business and do not tell me bout your
fuckin hopes and dreams i really do not
fucking care noone fucking cares and
dont you dare walk away from me die
intensität mit der sie weltfrieden erhoffte
war meinem bemühen sehnsucht und

schmerz als erstrebenswert zu erachten

sehr ähnlich doch das diktat der

gleichgültigkeit welches uns dazu drängt

ersehnen zu müssen was wir doch nie

erreichen werden wandelte sich zum

verzweifelten bemühen irgendetwas

bedeutsames zu erschaffen problem die

wahrscheinlichkeit dass sie mich gut

findet fünfzig fünfzig nach ner lösung

suchen die wahrscheinlichkeit eine

lösung zu finden fünfzig fünfzig lösung

weitergehen sie nicht ansehen sie

ignorieren problem die

wahrscheinlichkeit sie zu übersehen

gleich null die wahrscheinlichkeit dass

sie einsam ist fünfzig fünfzig die

wahrscheinlichkeit dass sie sagen wird

was ich gerne hören möchte fünfzig
fünfzig die wahrscheinlichkeit dass ich
nicht ihr typ bin fünfzig fünfzig die
wahrscheinlichkeit einer gemeinsamen
zukunft gleich null auf einer skala von
eins bis zehn wie sehr wünschst du dir
dass sie dir ihre nummer gibt zehn die
wahrscheinlichkeit dass sie dir ihre
nummer gibt gleich null auf einer skala
von eins bis zehn wie sehr willst du sie
zehn lösung weitergehen problem die
wahrscheinlichkeit dass mein verlangen
nach ihr dadurch noch stärker wird
fünfzig fünfzig auf einer skala von eins
bis zehn wie sehr brauchst du sie zehn
lösung schweigen problem schweigen
lösung schweigen mein

gesundheitszustand hatte sich enorm
verschlechtert und die ärzte labelten
mich clean fragten denken sie oft an
piroschka und ich so what und sie
machten sich notizen verschrieben mir
medikamente die mich cleaner machten
dann eine dann zwei dann drei dann
vier schon besser bisschen schwerelos
haarausfall das gefühl ein formbarer
klumpen fleisch zu sein den niemand
beachtet und fünf alter abgefahren mich
immer wieder entschuldigen für was
auch immer mich immer wieder
bedanken für was auch immer bei wem
auch immer reden über was auch immer
hoffnung oder so flanieren bis zum
erbrechen dann erbrechen dann

flanieren und sechs scheiße mann ne

sonne die nicht warmhält mehr ein

horizont der stets verglüht und alle so

gott is vegetarier oder zukunft jetzt

sieben ich halt nich aus denke nicht mehr

klar fühle in betriebsstunden bewege

mich seitwärts und neun echt jetzt irre

dann gelenkschmerzen geht es ihnen

besser ach ja entschuldigung dass ich

oder entschuldigung wenn ich kein

problem und alle so möge gott mir die

gelassenheit geben dinge die ich nicht

verändern kann so anzuerkennen wie sie

sind echt jetzt und dreiundachtzig oder

so gehts noch alles ständig wandelt sich

alles strebt nach neuem nach

veränderung vielleicht verbesserung nur

ich bleibe beständig und konstant nichts

und niemand vergleichen aufrecht gehen

weitersehen vielleicht fühlen wie so viele

mitleid haben christlich denken

menschlich handeln ausrotten und

zukunft dann unsere spröden münder

hoffen formulieren spröde sätze

initiieren spröde gefühle verbreiten

spröde gedanken und erneut eine

generation fleht um gnade leckt

erbrochenes von blutverschmierten

asphaltdecken selbstbestimmung egal

wie und wo wir enden entscheidend ist

wir denken weiter nicht ein kurzes

flehen noch vielleicht auch hoffnung so

schlimm kann es nicht sein dann schmerz

stechend pulsierend fordernd mein

körperhaar fiebrig fiebrig auch die
letzten worte sie waren nicht als schrei
gedacht nein keine hoffnung mehr nicht
ein funken panik vielleicht nein mit
sicherheit nur übereifer eines unter stress
auf höchstleistung funktionierenden
gehirns angst meinetwegen
meinetwegen angst besser die
notwendigkeit atmen zu müssen ich atme
öde feuersbrünste sie schmeicheln unsrer
sucht nach kälte und ich verfügbar
vergehe mit dem schmerz den wahrheit
impliziert du unwiederbringlich
bemitleidest nie könnten wir es wagen
neues zu entdecken denn dazu bedarf es
der bereitschaft einander schwäche
einzugestehen ein letzter kuss vielleicht

noch einer dann belassen wirs dabei
gleiche gedanken gleiche worte gleiche
menschen gleicher tag gleiches haus
gleiche welt gleiche sehnsucht gleicher
schmerz mit mir durch mich wegen mir
von mir über mich an mich mit dir von dir
auf dich sie sagen sie machen sie sehen
sie hören sie gehen sie tragen sie bitten
sie flehen andere seite anderer tag
anderes leben anderes haus andere
menschen andere gedanken mit dir
durch dich wegen dir von dir über dich
an dich mit mir von mir auf mich wir
sagen wir machen wir sehen wir hören
wir gehen wir tragen wir bitten wir
flehen selbe gedanken selbe worte selbe
menschen selber tag selbes haus selbe

welt selbe sehnsucht selber schmerz sieh

nicht frag nicht tu nicht denk nicht sag

nicht da lang da hin da drüben da oben

dahinter ihr macht ihr sagt ihr findet ihr

fragt euer leben deine worte meine

gedanken unser schmerz eure welt mein

untergang ernstfall kriegsähnlich

kopfschmerzen orange schleudertrauma

muthafuckaaaaaaaaaaaaaaaa meine

deine unsere sechs sieben acht und der

blutmond und die nacht wir hätten

natürlich besser ausgehen niemals etwas

anderes wohin gehen wenn alle wir jetzt

selbstportrait mann im nebel so viel wie

nötig so wenig wie möglich hinab hinab

vorwärts hinab auch positiv weil einfach

also auch keine ahnung stumm t t 1 eins t

zwei z z 2 es ist kein geheimnis mehr

kein geheimnis mehr die welt wie wir sie

kennen hat toll toll p t welt welt und alles

andere andere alles ha ha hä hu

zusammengekommen um zu feiern und

lalalalalalala morgen morgen morgorgen

mojorgen vielleicht unsere

überheblichkeit anzunehmen ist here i

go again on my my my my oh mine mine

oh oh oh mind mind my mine mind

zeigen was man hat wenn man nichts hat

zeigen was man kann wenn man nichts

kann zeigen wer man ist wenn man

niemand ist niemand nieeeeemand kann

kann nichts nichz nichds nichtz was was

was was was einsam einsam 1sahm

ainsahm samen sahmen saamen sahmän

zu stolz zurückzuführen zu führen

menschen brauchen führung jemand der

ihnen sagt was wann wer w weh vermisst

gefühle niemand niemand nie k kah kaa

kha konzentriert weg wek wegk wekk

wäck warum wahrum warumm waarum

beenden ausschalten löschen abschalten

einschalten ausschalten lol lol lol

lolololololololololololololololololol

sieben uhr morgens frühstück halb acht

frühstück vorbei wir sagen einmal

bescheid wer nicht aufsteht kriegt nichts

zu fressen halb zehn diskussionsrunde

freiwillig niemand muss macht sich aber

gut in eurer akte zeigt dass ihr an euren

problemen arbeiten wollt punkt zwölf

mittagessen halb eins mittagessen vorbei

wer um halb eins auftaucht kriegt nichts

mehr zu fressen vierzehn uhr bis

siebzehn uhr künstlerische betätigung

wir haben buntstifte papier tischfußball

nen fernseher mickey mouse hefte

achtzehn uhr abendessen

achtzehnuhrdreißig abendessen vorbei

wer zu spät kommt kriegt nichts mehr zu

fressen zweiundzwanzig uhr nachtruhe

wir werden dann die sauerstoffzufuhr

nochmals verringern das macht schön

müde irgendwelche fragen dürfen wir

rausgehen nein nächster dürfen wir

rauchen nein nächster darf ich mir das

essen aussuchen nein hier gibts

einheitskost nahrhaft vollwertig aber ich

bin vegetarier ab jetzt nicht mehr

nächster dürfen wir beten nein keine
religion nur idioten beten und wenn
idioten beten fangen sie an zu denken
und wenn idioten anfangen zu denken
kommen sie auf dumme gedanken und
wenn idioten auf dumme gedanken
kommen bauen sie scheiße nächster
dürfen wir uns das fernsehprogramm
aussuchen keine politischen sendungen
nur idioten interessieren sich für politik
dann fangen sie an zu denken und wenn
idioten anfangen zu denken kommen sie
auf dumme gedanken versammeln sich
und wenn ein haufen idioten auf dumme
gedanken kommt hat die welt ein scheiß
problem wir sagen wann ihr was müsst
oder dürft fühlt euch ganz wie zuhause

die zeit zwischen den terminen dürft ihr
frei gestallten ihr könnt auf und ab
gehen oder sitzen aber nicht in den
gängen oder ihr könnt im bett liegen
wenn ihr nach den regeln spielt seid ihr
bald wieder draußen ach ja und keine
filme mit sexuellem inhalt nur idioten
interessieren sich für sex dann fangen sie
an zu denken und wenn idioten
anfangen zu denken kommen sie auf
dumme gedanken und wenn idioten auf
dumme gedanken kommen wollen sie
sich fortpflanzen und wenn sich idioten
fortpflanzen hat die scheiß welt ein
scheiß problem alter klingst wie ein
abgefuckter politiker die letzten werden
die ersten sein fuck me und ich stell mich

hinten an dann irgendwann was darfs
sein und ich so shit vergessen also
nochmal hinten anstellen nachdenken
vielleicht beten fuck me respektperson
gepflegtes äußeres nicht denken reden
den mag ich der sagt wies wirklich ist der
hats zu was gebracht like und was darfs
sein shit sorry wieder hinten anstellen
und nochmal vielleicht ersaufen
versehentlich mann stell dir vor
irgendein gutmensch zieht dich aus dem
wasser reanimiert dich wer wird dann
wohl gefeiert ich weiß erinnere mich die
frau im weißen kittel jeder hat sein
packerl zu tragen ich habe es nicht
einmal annähernd in erwägung gezogen
sie ficken zu wollen verdammt gute

drogen hatten die da oder vielleicht ein
wohnungsbrand kurzschluß und so mann
stell dir vor die ziehen dich mit ner
rauchvergiftung aus deiner bude
reanimieren dich verbrennungen dritten
grades aber lebendig wer wird dann
wohl gefeiert alter klingst wie ein
altersschwaches männlein das den
ganzen tag hinter vergilbten vorhängen
hockt windgeschwindigkeit und
neigungswinkel mit einbezieht anlegt
nebenher davon träumt in die politik zu
gehen den finger am abzug also was
darfs sein die erste schrieb nen brief an
meinen besten freund er laß ihn mir
dann vor laß im bett ist er nicht wirklich
gut aber übung macht den meister die

zweite übte sich im blasen und ich fakte

ein gefühl das ich doch nie verstehen

sollte die dritte war sehr jung fünfzehn

oder so sagte zieh ihn raus und spritz mir

auf die fotze die vierte hatte das linke

bein in gips ich leckte sie im bett der

dritten und ihre scheide sonderte

ordentlich ab und ich sagte du stellst mir

aber jetzt nicht nach oder und sie sagte

schlaf nochmal mit mir die fünfte roch

nach fisch dichtete nicht schlecht war mir

sehr ähnlich keiner mochte sie die

sechste fragte mich warum stöhnst du

nicht beim sex ganz komisch bist du hab

ich ja noch nie gesehn die siebte

erinnerte mich an irgendeine

schauspielerin die ich ficken wollte sie

roch nach altem urin die siebte nicht die
schauspielerin die ich ficken wollte die
achte blieb ne weile lange genug um
von irgendjemandem schwanger zu
werden die neunte gab mir ne spritze in
der psychiatrie ich gab ihr meine
nummer gab ihr meine hand sie rief mich
an und so die zehnte war neunzehn
sprach ich überlege was lustiges auf
meinem grabstein stehen könnte spritzte
an die decke dann wieder die erste sie
gefiel mir jetzt nicht mehr und sie
dichtete son you need to do something
with your life die elfte war sehr groß
kam schnell und wenn ich sie küsste
stand ich auf den zehenspitzen und ich
so mir wird das alles n bisschen zu groß

wir sehn uns die zwölfte so irgendwann

sehe ich mal aus wie alle anderen dann

willst auch du mich nicht mehr ficken die

dreizehnte war einundzwanzig zitterte

legte ich ihre hand in meine und ich

sprach zum ersten mal von zukunft

wusste dann wir würden elendig

zugrunde gehen sie ganz für sich ich

ganz für mich so siehts aus ein paar

schöne jahre noch vielleicht auch nur

noch n paar tage oder stunden wenn du

glück hast ne andere frau ne neue frau

jung vielleicht schön auf jeden fall treu

vielleicht neuer job minimum wages shit

mir was einfallen lassen mir wieder was

einfallen lassen ganz unten

angekommen endlich noch n drink noch

n film noch n kurzer traum bevor sie mir
erklären wie ich mich zu verhalten habe
damit ich etwas erreiche in mickrigen
anzügen mickrige reden schwingen mit
ner mickrigen frisur an mickrigen
schreibtischen sitzen oder mir in
mickrigen autos von mickrigen kreaturen
einen blasen lassen body movin body
movin rechenschaft ablegen ja nein tut
mir leid wie konnte das passieren ihr
habt es so gewollt wie konnte das
passieren ihr habt es so gewollt wie
konnte das passieren ihr wolltet es so
quote am ende eines neuen tages
erhoffe ich erlösung gehe unter dann im
wunden licht der dunkelheit auferstehe
seltsam wandle mit den stillen schatten

bis ich nicht mehr sichtbar bin nichts ist

erniedrigender als erkenntnis nichts

bleibt es ist schon gut wenn du mich

liegen lässt mit offenen brüchen all die

verborgnen jahre sie ziehn doch schnell

vorüber hinterlassen kaum noch spuren

und die bangen stunden die uns trost und

hoffnung raubten dennoch nur für uns

vergingen fesseln mich mit aller gewalt

an folgende begebenheiten und es ist in

ordnung wenn wir trauern dann ein

leben lang vielleicht denn es ist rache

die uns heimsucht stunde um stunde um

stunde oder irgendjemand hatte um sich

geschossen und alle so voll geschockt

dann trauer dann feiern das

premiumdate roch nach knoblauch

berichtete mit gebrochener stimme von
besseren zeiten und knoblauch ich
konnte es gut leiden sah es nie wieder
weinte soff ein anderes match
beschwerte sich übers leben an sich
sagte meine besten freunde oder weißt
du wie ich meine zeigte mir bilder seiner
wohnung die es in mühevoller
kleinarbeit selbst gestaltet hatte bilder
einer wohnung die man nur mit
hausschuhen betreten durfte und ich
sagte hab krebs im endstadium bekomme
starke medikamente deswegen kann ich
überhaupt noch aufrecht sitzen bin in
der ukraine aufgewachsen oder hab ne
zeitlang bei harrisburg gelebt oder hab
ne zeitlang in japan gearbeitet und das

match so krass berührte dann zum
abschied meine rechte schulter mit drei
fingern seiner linken hand andere
blickten auf kahle wände hofften auf
erlösung sammelten erfahrung vergaßen
gebaren erinnerten sich vergaßen
versuchten stets zu lächeln sprachen von
möglichkeiten chancen veränderung
aßen nur deswegen um nicht vollständig
zu verhungern untermauerten das
dringende bedürfnis erhört zu werden
mit ungelenken bewegungen ihrer linken
hand sagten das ist die frage ihr
tagesablauf war klar strukturiert
sechsuhrdreissig aufstehen
zweihundertfünfzig kalorien ein glas
stilles wasser eine stunde joggen dann

ins büro mittagspause

zweihundertfünfzig kalorien ein glas

stilles wasser dann nach hause abends

zweihundertfünfzig kalorien ein glas

stilles wasser eine stunde joggen ein glas

stilles wasser schlafen sie wollten aus

ihrem gewohnten umfeld ausbrechen

sagten die spießer da sprachen sie von

ihren besten freunden wählten für

meetings lokale in einer gegend die als

cool in verruf geraten war wählten ein

lokal in einer gegend die sie ansonsten

mieden ich hielt es für unangebracht

ihnen zu sagen dass alle versuche aus

ihrem gewohnten umfeld auszubrechen

scheitern würden sagte schön seht ihr

aus lächelte lächelte nicht ging unter

vorwand früher als nötig der geruch

erinnere dich feuchte kellergewölbe in

denen überreife äpfel lagern der geruch

ich erinnere mich dunkelheit kein licht

die sicherung möglicherweise der

sicherungskasten direkt neben der

eingangstür die sicherung einfach nur

locker die sicherung der

eingangsbereich sauber also boden

wände und decke strahlend sauber

kleine geputzte schuhe neben großen

geputzten schuhen über drei tage

hinweg ein song immer wieder der

gleiche song drei tage lang dann stille

dann der gestank zwei wochen ungefähr

dann wieder stille weiter das

badezimmer waschbecken und

badewanne mit schwarzen schlieren
überzogen auf der wäscheleine über der
badewanne kleine hosen neben großen
hosen neben kleinen sweatshirts küche
weiße einbauküche sperrholz
essensreste auf dem boden essensreste in
der spüle mit kleinen herzchen verzierte
tassen halbleer oder besser halbvoll die
jalousien geschlossen die
wohnzimmertür verschlossen öffnen die
wohnzimmertür der schlüssel steckt von
innen möglicherweise sprechen mit
jemandem mit irgendjemandem den man
hinter dieser tür vermutet mit
irgendjemandem den man in diesem
raum vermutet gut zureden keine
antwort positiv denken wahrscheinlich

sind sie übereilt in den urlaub gefahren

die kinder haben sich einen scherz

erlaubt sind unter dem vorwand etwas

wichtiges vergessen zu haben in die

wohnung zurückgelaufen um die musik

anzustellen gegen die wohnzimmertür

klopfen immer heftiger dann

dagegentreten zweimal dreimal und die

kleinen schlafen auf der couch und die

alten schlafen auf dem boden oder die

worte meiner mutter wenn ich schwer

erkältet im bett lag das wird schon

wieder meine gedanken perforiert

wie der schlitz in deinem körper oder

momentan ich eine wage idee oder

böser traum geht vorüber wird dann

besser hoffnung irrelevant was zählt

verzweifelte momente in denen wir uns
selbst vergeben doch das morsche seil an
meinem nacken mahnt zur nachsicht ich
glaube noch an schmerz dem meinen
ansonsten nichts oder niemandem wie
verängstigt sie sind wenn sie dich
loswerden wollen wenn sie dir erklären
du passt nicht mehr ins team wie sie
zittern möglicherweise mutmaßen der
könnte wütend werden jetzt mir eins in
die fresse haun vielleicht ihre dünnen
stimmen zittrig ihr charakter so
erbärmlich wie die hosen ihrer
sonntagskleidung ihre körper
vollgepfropft mit angst und scheiße
genau wie meiner und ich zögere nicht
nett zu sein ich gebildet weitblickend

reasonable alter wieder von vorne
anfangen räume suchen die mir
vermeintlich zuflucht bieten räume
finden in deren zwischenwänden ich mir
wut und enttäuschung in meinen
verendenden körper zeichnen kann
nacht für nacht ein leben lang nur um zu
beweisen ich habe gelebt oder doch nur
der beschissene durchschnitt nen
herzinfarkt auf dem weg zur arbeit
irgendjemand leistet erste hilfe
krankenhaus lassen sies langsamer
angehen sind nicht mehr der jüngste leck
mich doch limits no limits more less fuckin
fridays for fuckin future gesund krank
weiter stop links rechts oben unten hast
du schon gehört hast du schon gesehen

must have do dont careless whisper think
speak up hold on lebensspanne
planckzeit eher weniger hab ichs nicht
gesagt hörst du mir nicht zu schmerzen
drogen krieg drogen frieden drogen ja
nein entschuldigung fick dich eins zu null
five to one wollen sie mich ficken jetzt
gleich bitte melde dich an um dein alter
zu bestätigen langes elend kurzes glück
deine blicke meine gedanken richtlinien
stores wir dürfen wir müssen wir geben
wir nehmen jetzt reich werden dich
kriegen wir auch noch
lebensversicherung altersvorsorge
messer im rücken messer im bauch
messer im kopf tote überall tote glück
gehabt ich du er sie es wann thank you

for being a friend sinnlos wertlos
rolemodel vorbilder downbeat fast
forward zusammenschluss bullshit wir
haben wenigstens was getan vollgas best
of auszeit überraschung urlaub
nachhaltigkeit natürlich aber kampf dem
terror winterschuhe arbeitskleidung
diabetes darfs ein bisschen mehr sein
entdecke die skrupel in dir ehrenbürger
community schönen tag noch born bad
born to live born to kill i was made for
lovin you vielleicht bestimmt manchmal
immer neuanfang woher kommst du
wohin gehst du fahren sie bitte weiter in
würde altern you will not be
remembered bis bald whats my line wir
glauben zu wissen wohin wir gehen

können uns nicht daran erinnern woher
wir kommen big budget low budget ich
meine ja nur drowned in a teaspoon of
water die haben angefangen
genußmittel prozac ambien kaffee
selbstsucht man opfert auch mal bauern
mitglieder aktentaschen umweltsünder
gläubiger bausparer gedanken gefühle
kleidung gestus genormt staatlich
anerkannt hoffnungen träume global
viral ansteckend ag ig gmbh und co kg
pn hast du schon gehört träume
verwirklichen fuck the world hate to say i
told you so hab ichs dir nicht gesagt
genossinnen und genossen die anderen
good luck bad luck die letzten werden
die ersten sein shit viel besser ins

unglück stürzen leasing ceo management

macht geld egal wie macht geld

adblocker werbung für adblocker

abschalten abgefahren durchgefüttert

durchgelaufen gebraucht verbraucht

missbraucht unvermögen liebe ja aber

zugeneigt gewiss freunde mit gewissen

vorzügen gutmenschen schranken

mauern lücken weite ausgeglichen ruhe

nur hass ist grenzenlos selbstzerstörung

mut zur hässlichkeit erfrischend anders

und zukunft immer wieder zukunft mein

blutendes arschloch ist die einzige

konstante in zeiten wahnhafter

veränderung gesehen verstanden

vedrängt vergessen schmutzige bomben

echt jetzt savior rette sich wer kann dont

believe the hype ja genau der rest ist
schweigen geradeaus weiter die nächste
links dann weiter bis zum ende der
straße dann rechts die zweite links dann
die dritte wieder links dann geradeaus
ungefähr zehn minuten geradeaus ich
habs doch nicht böse gemeint warum
hast du das getan oder was ist nur mit
uns geschehen ich kann einfach nicht
glauben was du da sagst die nächste
links ungefähr zehn minuten geradeaus
dann wieder rechts ich habe nicht
vergessen vergesse nie links abbiegen
rechts abbiegen wieder links abbiegen
ich wollte dass du dich wohl fühlst wollte
bei dir bleiben aber jetzt links dann
rechts ich weiß einfach nicht mehr ob es

das ist was ich wirklich will wieder links

dann geradeaus wieder links dann rechts

dann wieder links das will ich dir einfach

nicht antun oder ich habe dich nicht

verdient weiter geradeaus dann bist du

fast da wunde füße wunde knie wunde

hände wundes herz vor zurück zurück

vor umdrehen mit grazilen gesten

untermalen wofür mir worte fehlen dann

mehr blut ertrinken dann mein herz

warum ist es so schön mit dir halte mich

doch wenn du kannst erstens zweitens

drittens und so weiter oder letztens

überquerte ich ne brücke dachte dabei

an den fünfundzwanzigsten oder wars

der sechzehnte ich weiß nicht mehr

genau erinnerst du dich noch don war

angepisst wurde älter schwächer

erzählte gerne geschichten war er

angepisst zunge raus jetzt schluss mit

den zicken mehr licht ohhh ohhhh oh

goooooottttt achtzehn oder so sagte sie

macht alles scheißen pissen völlig egal

hatte eigentlich jura studiert aber

juristen können wohl nich richtig ficken

vaterkomplex klar der konntest du alles

erzählen wenn du nur mit tiefer stimme

sprachst und was papa sagte das machte

die kleine dann hatte immer so nen

dankbaren blick wenn ich ihr befehle

erteilte maul halten beine breit

reinstecken erst du dann du dann du hee

du idiot du bist dran bisschen mehr

emotion wenn ich bitten darf die kleine is

doch der wahnsinn dieses gesicht diese

möse alter da wirst du richtig scharf klar

und du sag irgendwas juristisches irgend

nen paragraphen aufsagen sollst du

glotz nich so doof guck angegeilt sie

verunglückte mit dem auto tödlich auf

irgend ner landstraße weihnachten

wollte n weihnachtsvideo drehen sexy

miss santa claus steckt sich nen fetten

schwarzen weihnachtsdildo rein saß auf

nem fetten schwarzen dildo muss ein

komischer anblick gewesen sein als sie

die kleine aus dem straßengraben holten

ich frage mich ob der dildo noch in ihr

drin steckte ich hatte echt

schwierigkeiten adäquaten ersatz zu

finden irgendwann zwischen vier und

fünf uhr morgens öffnete er dann sein
einziges fenster sprach lautstark über die
notwendigkeit ordentlich durchgefickt zu
werden in zeiten vollständiger innerer
leere stürzte dann aufs vordach prallte
ab stürzte tiefer landete auf feuchtem
rasen und die nachbarn beschwerten
sich über lärm und wortwahl er blieb
gefasst verlor beide beine sprach danach
viel deutlicher und lauter brüllte umlaute
durch die gitterstäbe seines einzigen
fensters man wollte ihm nicht nochmals
kündigen krüppel und so säufer und so er
kaufte sich dann werkzeug arbeitete hart
zwei stunden täglich eine woche lang
stürzte wieder wollte vermutlich
weiterleben seine arme verhinderten das

schlimmste wurden dennoch amputiert in

portugal verwechselte man mich mit nem

typen von dem sie dachten er sei ihr

freund spendierten mir nen drink dann

karaoke und ich sang light my fire eine

kreolische hure klaute meine brieftasche

blackout oder münchen und die

beruhigungsmittel stellten mich zehn

jahre lang ruhig weiter nach

südfrankreich surfen lernen aller

kaputten knie dieser welt zum trotz

beinahe ersaufen gerettet werden von

ner niederländischen

rettungsschwimmerin mitte fünfzig mit

enger möse toiletten putzen irgendwo

am strand toiletten putzen sie hatten

recht wenn du den job irgendwann mal

kapiert hast kannst du auf der ganzen
welt arbeiten ein paar monate später
schweiz theaterspielen ich als
hausdiener psycho passt mich vor
livepublikum selbstverstümmeln
happening und so fristlos gekündigt
werden zwei alte bären betrachten die
für den rest ihres lebens in nem gehege
hin und her laufen bis sie endlich sterben
dürfen das wahrzeichen dieses planeten
weiter nach tschechien mich benehmen
wie jedes andere touristenschwein gutes
deutsches essen dobrý večer ficki ficki
you and i fünfzig für ne nummer oder
zwei stangen zigaretten sie sieht sehr
hübsch aus meiner meinung nach zu
hübsch um meinen hässlichen alten

schwanz zu polieren ihr zuhälter sieht

das anders er fährt ein deutsches auto

mit frisch gebrochener nase und zwei

stangen zigaretten in nem taxi nach prag

also prag paloma aus villafranca

magersüchtig liebeshungrig absinth der

echte wach drei nächte am stück am

fünften tage dann ti amo mit paloma

nach verona julias brust berühren weiter

nach venedig angst haben vor dem

untergang befürchten paloma aus

villafranca könnte zu schwach sein um

mich zu halten ich verlasse sie in nem

griechischen restaurant sie beschimpft

mich auf englisch griechenland julia

suchen football spielen mit nem haufen

anbetungswürdiger lesben aus amerika

bye lindsay bye jennifer bye luna bye
luz bye laura bye molly bye mary bye
lana bye lara bye jane weiter über
london nach deutschland in london kate
treffen sie sieht aus wie ein filmstar ist
hauptberuflich krankenschwester arbeitet
nebenher im kingston pub sie erzählt mir
alles über wiping peoples arses kate
lecken auf der toilette eines
schnellrestaurants kate schmeckt wie
julia kate bedankt sich ich bedanke mich
bei kate sie wohnt drei straßen weiter
und ich so i think i love you und sie so
bye stupid im falschen flugzeug im
falschen flugzeug nach amsterdam alter
irgendwo in amsterdam irgendwas
rauchen coffeshop no drugs piss off

tysker svin hi do you know where i can

get pot politie ist gnädig vernimmt mich

trotzdem ich gestehe habe keine ahnung

we dont want drug tourism here zurück

nach münchen ursula fährt bis hamburg

east bound and down als dauerschleife

ursula sieht aus wie jerry reed als kind

sah sie ein ausgekochtes schlitzohr im

fernsehen seitdem lebt sie ihren traum

hamburg schanzenviertel polizisten mit

pflastersteinen attackieren keine ahnung

warum von polizisten verprügelt werden

keine ahnung warum blackout erwachen

keine ahnung wo aufstehen julia suchen

reicht man uns nen essiglappen üben wir

uns in dankbarkeit und jucken unsere

eingeweide schlucken wir bittere pillen

bis wir wieder lachen können vergehen
dann momente oder träumen wir von
veränderung sagen wir denk positiv ich
sah menschen die verständnisvoller
lächelten während sie in ihrer eigenen
scheiße verreckten hörte die mär vom
wahnsinn sah wie das vergilbte licht der
sonne nässende wunden ausgebrannter
seelen trocknete ich lügner dieb beuge
mich der last des überlebens grausamkeit
schafft nähe halte ein unsichtbare dein
retter naht zögert nicht auch er ist
mensch genug alles und jeden zu
zerstören seine zuneigung ist die
ausgeburt unserer abneigung gegenüber
allem lebendigem was nützt alle liebe
dieser welt kann sie uns doch nicht vor

uns selbst beschützen marschiert nur zu

marschiert erst wenn wir hängen

verlieren wir den boden unter den füßen

erst wenn wir ertrinken sehen wir kein

land mehr die gesellschaft sehnte sich

nach krankheit sprach von

entschleunigung und man berührte sich

nicht mehr dann was von unsrer gier

nach liebe übrig bleibt geleitet mich

durch freie tage und vorbei an

merkwürdigen gesichtern derer ich mich

nicht entsinnen kann und ich werde

zeuge berichte eifrig dann von

unumgänglicher wahrheit die vermengt

mit frust und zorn nur mich selbst in

gutem licht erscheinen lässt wir sahen

einander in die augen vertrauensvoll

und still befürchteten uns zu verlieren

sagten hastig ich liebe dich auch

schämten uns nicht vermissten ruhten wir

in doppelbetten saßen stumm in bunten

nischen längst verblühter eingemeinden

erinnerten uns wie es hätte sein können

straften fremde mit vertrauten blicken

morgen werde ich loslassen wirst du da

sein oder wie lange in den scherben

dunkler glasfassaden werden wir

einander still betrachten zuflucht suchen

unter feuchten schatten ausgebrannter

städte wir werden uns die füße blutig

tanzen zu barocken klanggespinsten die

unsre müden schädel spalten zorn und

sehnsucht fingerficken bis sie sich endlich

wandeln dann zu lustgedanken erster

versuch ihr freund macht das nicht also

sie hat sich eine banane reingesteckt und

er hat nicht davon gegessen anfänger ja

sie is auch voll unglücklich guckt immer

ganz traurig wenn ich von dir erzähle

zweiter versuch letzte woche war ich bei

meiner frauenärztin weils dauernd

gejuckt hat und da hat sie mich gefragt

haben sie viel sex und ich hab gesagt

schon ich hab wieder einen freund und

da hat sie gesagt sie glückliche das ist

eine blasenentzündung überanstrengung

vielleicht auch pilz ich geb ihnen ein

antibiotikum und eine salbe und ihr

freund soll sich die hände waschen und

die praktikantin war dick und hatte viele

pickel und hat dann ganz traurig geguckt

dritter versuch in die abgründe lauer
nächte gleiten expect the unexpected
auch wenn mein atem nur so weit
reichen wird um betrunken und allein
aus dem fenster irgendeines gebäudes
irgendeiner stadt zu stürzen aber hey
letzter versuch i saw you smile all hope
is gone some say it could be worse i like
that wir übten uns im träumen oder
liegen bleiben und erwachte sie aus
einem unguten gedanken legte ich
meine hand auf ihren rücken sprach leise
alles gut hast nur schlecht geträumt
obwohl ich vermutete sie könnte sensibel
genug sein um genau wie ich ein
baldiges ende unserer beziehung zu
erahnen dennoch schmeichelten wir

einander boten unsre körper feil oder

einen bruchteil unsrer ängste und sie

umfasste meinen arm mit ihren beiden

händen sagte so soll es immer sein ihre

bekannten lachten über mich meine

bekannten lachten nicht sagten bald wird

sie erwachen sagen what the fuck dann

wirst du erwachen sagen what the fuck

ziellos durch die gegend laufen dich

über all die psychos beschweren die in

öffentlichen parks rumhängen kaffee aus

ner thermoskanne saufen überteuerte

zigarren kaufen die dir nicht schmecken

werden bin mir selbst genug sagen so

wie immer pprjt fk eot s worptd rok dktkfk

rohpghnbtg aaäütt sfkgor dlfpt eoeiwj

wkwof fk f slw s slflr dlglff dkeldleldktbtkf

dllt rok dkrorokrf ekekd rkr rkri aaö rügpr

flfr fkrir fkrb fbf b f b xlrpttled doea aaä

eirot dksoe fdkr fkfor rkekeslsld wkr ep

dpojtbfk fk fcokfb äö rp rjdld rkkfg dldlf ej

tifi ep fkfkgkg rp gkbwwö ütkgf aaäütt eot

s rok söögrk sögbf fkeoejrbbdm flrkfk fk

dk flrldööf ep s irkwdv aöjhrf dkkb söögrk

worptd rok wprkbt dkkr rkrkrr fkrkrr r

tkkrpröwöwör fksldkr dkdf fke fnf ng f fb

fdleöw eüept dkdja qararaw ähüjötz

dlfke skfkg fkfotkt gl aaä eirot ep flqäüd

rp dkf dksoe fdkr dkö eoor f niord in

jungen jahren rennst du durch die

gegend betrachtest irgendwelche leute

und du fragst dich warum sehen die alle

so frustriert aus und du bist allein fühlst

dich sicher gehst weiter fällst n paarmal

auf die schnauze stehst wieder auf

lächelst weil dir irgendjemand

irgendwann mal gesagt hat sieht cool aus

du lächelst also rennst weiter versuchst

deine kleidung sauber zu halten gelingt

dir nur teilweise dann willst du jemanden

kennen lernen mit jemandem zusammen

sein weil deine freunde oder bekannten

auch alle jemanden kennen gelernt

haben mit irgendjemandem zusammen

sind ständig beteuern miteinander haus

familie und es ist dir mittlerweile

scheißegal ob die person die du kennen

lernst ne positive oder negative

lebenseinstellung hat hauptsache

miteinander haus familie dann geht dir

die puste aus und du betrachtest junge

leute denkst dir warte nur dann die

geschäftsleitung das sind die neuen t

shirts da ist n esel drauf und unser name

die zieht ihr jetzt an und ich so passt

nicht außerdem sind das blusen what the

fuck hey mann wenn du ein problem hast

da is die tür also die nächste bestellung

zwei enchiladas drei burritos und zwei

cokes is im randbezirk beeil dich aber es

regnet funktionieren diese elektroroller

eigentlich bei regen klar mann is doch

alles wasserdicht mit den dingern kannst

du den scheiß atlantik überqueren lass

deine jacke hier damit die leute unser

logo sehen können nach ein paar

kilometern fiel die komplette

fahrzeugelektronik aus ich irgendwo am

stadtrand in ner viel zu kleinen bluse mit

nem esel drauf nirgendwo eine

möglichkeit mich unterzustellen ich ruf

im laden an der roller bewegt sich nicht

mehr nich vor nich zurück der scheiß

roller is kaputt schickt mir nen neuen

nein geht nicht alle unterwegs ruf bei

den typen an die bestellt haben und

storniere die bestellung zahlst du selber

berufsrisiko dann das telefon

funktionierte nicht mehr es wurde dunkel

ich ging zu fuß zurück der laden hatte

bereits geschlossen dann nach hause ins

bett decke bis über den kopf scheiße ich

hätte das essen mitnehmen sollen

schließlich habe ich dafür bezahlt

aufwachen check atmen check aufstehen

check wieder hinlegen check wieder
aufstehen check die wohnungstür öffnen
check die wohnungstür schließen check
die wohnungstür wieder öffnen check
treppenhaus check treppen check haus
check menschen check aufwachen check
atmen check asphalt check modergeruch
check meine welt check aufstehen check
hinlegen check wieder aufstehen check
weitergehen check denken check
sprechen check nicht denken check
texten check atmen check nicht atmen
check wieder atmen check mehr
menschen check freundlich sein check
maschine an check träumen check
lächeln check maschine aus check
deineaugendeineblickedeinenähedeinei

gentumdeinemeinungdeinekleidungdein

egedankendeinefreundedeinebekannten

deinefamiliedeineahnendeinevergangen

heitdeinezukunftdeinezeitdeinebedürfnis

sedeinewünschedeinezieledeinewunden

deineeinsamkeitdeinewortedeinatemdein

schmerzdeinehoffnungdeineeitelkeitdein

geruchdeinekältedeinewärmedeinvermä

chtnisdeinunvermögendeinerealitätdeine

träumedeineproblemedeinesachedeinefü

ßedeinearmedeinehändedeinrückendein

bauchdeingeschlechtdeingesichtdeinkopf

deinenervendeinherzdeinewutdeinzorn

du wenn du erfährst du hast nichts mehr

zu verlieren ich wenn du in meiner nähe

bist wir wenn wir einander begehren du

wenn du zum ersten mal vermutest

irgendetwas stimmt nicht ich fünf jahre
alt wir wenn wir einander verletzen du
wenn du gezwungen bist positiv zu
denken ich im augenblick meiner geburt
wir verwundet du wenn du dich selbst
befriedigst ich wenn ich mich selbst
befriedige wir allein je desto wenn dann
entweder oder fuck zusammenhalt ewige
freundschaft es ist aus billig teuer deine
mutter ist ne hure prinzipiell junge alter
halbstark lautstark selbstsucht
gestrauchelt generation x generation y
generation z useless generation
nevermind fifty million elvis fans cant be
wrong whos your daddy glas beton stahl
nächstenliebe frechheit nötigung
amtsanmaßung gotteshäuser gottesdienst

dienst nach vorschrift mehr licht morgen

nächste woche nächstes jahr im nächsten

leben niemals verschwunden vermisst

missbraucht getötet wir vermuten die da

oben der da drüben das da von vorne

fehler bollocks stochern sie doch nicht so

in mir herum fliege krawatte stehkragen

sicherheitsschuhe das letzte hemd hat

keine taschen schwanz arsch fotze

ausfluss trägheit ignoranz start up volles

rohr drecksau schön dich kennengelernt

zu haben stay home bleiben sie gesund

wir sind bald wieder für sie da end of the

line no know no yeah thats what you did

and thats what you became it seems to

be a problem sort of my generation

funny as hell for so many years many

many years war generation sort of my
generation the problem with the next
generation the whole thing yeah we
march with you sing it with me for the
rest of my life it is what it is in nineteen n
n nineteen thirty nine no i was born later
but i wouldnt go so far and say but thats
bullshit and im sorry but this is the main
problem no know no shell shock yeah
kinda get over it kinda go on with
your life yeah i cried oh my god i used to
live there when i was a little kid we
played on its abandoned ground
interesting yeah oh lord oh my goodness
oh help me jesus no know no und jemand
sagte wissbegierig hunger nach leben
brennen vor verlangen dann erlösung

ich hielt das für nen haufen scheiße